佛教故事大全

弟子·警语篇

Buddhist Stories

慈庄法师等编著

人民东方出版传媒
東方出版社

目　录

序（星云大师）　1

弟子篇

富楼那的布教　3
乞富不乞贪　6
迦旃延的论议　9
乞贫不乞富　11
拒绝求爱　14
入定解危　17
移山显异　19
阿难的女难　21
优波离入四禅　27
赠送精舍制　30
化狮度恶　32
显异受斥　34
比福轻重　36
五种不死　38
悔过出苦　40
愚人觉悟　43
尼提的出家　46
大迦叶的皈依　49
母婿乱伦　51
罗汉受谤　54
观机说法　57
大慧女转男身　59
娄沙迦的贫困　61
万法唯心　64
摩诃卢得道　66
老人出家　68
白头翁的证果　70
莲华比丘尼　72
神通不敌业力　74
音乐家的悟道　78
善生拜六方　80
化凶逆　88
试佛音远近　91
玉耶女　94
难陀的舍爱　100
三迦叶的改宗　105
弥多的口业　111
沙弥的悟道　113
悬幡获福　115
宾头卢　117

警语篇

知足常乐　123
甘露水　124
乌鸦的声音　125
吹法螺　126
争饼打赌　127
种花为取乐　128
言过其实　129
师父的回答　130
立刻长大　131
第一首功　132
相依得救　133
新娘走路　134
收获　135
按摩女　136
对悭者的说教　137
月亮在看你　138
真正的美人　139
不让一步　140
各有其用　141
种植心田　143
求法的精神　144
三恶神　145
要紧的事　146
鹦鹉听法　147
儿童放生　148
孝与慈　149
善自为之　150
长者学佛　151
四岁的老翁　152
一收十　153
求束缚　154
要铁舍金　156
得宝之法　157
容忍第一　158
不偷袭　159
制面具　160
恶习难改　161
施恩后世　162
无目的的傻瓜　163
吝法者的果报　165
勇往直前　167
拘稀罗的改宗　168
跋提解道　169
快速的吃法　170
空欢喜　171
共享一婢女　172

自作聪明　173
弹琴换牛　174
树上睡觉的人　175
热心和虚心　176
拜师父　177
香和臭　178
蜜蜂的针　179
各有第一　180
盲人读书　181
大慈悲　182
贫相　183
信与不信　184
躲避灾难　185
论善恶　186
黑豆白豆　187
夫妻打架　188
因小失大　189
自利忘他　190
愚人看门　192
四种马　194
七个女儿　195
人命在几间　197
夫随妇修行　198
四种朋友　199
牛命与人命　200
贪嗔痴　201
爱护身体　202
是真佛法　204
福慧不双修　205
十二头猪　207
采真珠　208
黄金害死人　209
一块臭肉　210
好话坏话　211
头的贵贱　212
一个死字　213
小儿吃糖　215
一鼠四猫　216
数金银　218
三魔女　219
挖眼睛　221
诸法因缘生　222
井里的老虎　224
鸟王成佛　226
医驼背　227
妄求　228
火宅门　229
有德不在年高　231
平等之光　233
互相毁谤　235
最苦与最乐　236

序

星云

“法师！佛教里哪一本书，我们才看得懂呢?”

这一句话，我行脚在各地，常常听到有人问我。说来真惭愧，对于这么一个简单的问题，我竟然不知怎样回答才好。

《大藏经》九千余卷，名词、文句、义理，都不是一个初学佛法者所容易探求的。在现在佛教出版界中，佛教大众化的读物，实在太少了。初学者的信心是虔诚的，初学者的智心是空虚的，为了要把佛法给大众普遍接受,《佛教故事大全》确是大家看得懂的一部书。

记得十年前，我应某地佛教会之请，在市区中心每周作一次佛法演讲，时间定为每次两小时。在这两小时的演讲中，如果半小时还不穿插一个故事，听众就会逐渐减少；但一讲到故事，听众又会逐渐增多。那时，我就深深觉得故事吸引人有莫大的力量！

本来，翻开佛经，大都是故事体裁，像《阿含经》《经律异相》等，可以说大都是佛陀和弟子之间的片断故事；就是大乘经典，如《大宝积经》《华严经》《维摩经》等，其文体也都是最生动的故事！把佛陀的言行，结集为经，成为故事的体裁，由此我们可以了解到佛陀度世的苦心。《佛教故事大全》的编著，可以说是体会佛心，适应大众需要的一部通俗的读物。

佛法，不容否认的，其艰深之处，皆因系阐扬宇宙人生的抽象的哲理，为了给大家接受，这需要具体的故事帮助说明。我平时讲法给人听，或是听人讲，每讲到难以给听众明了的地方，引用一个简短的故事，比喻说明，总会获得大家一个会心的微笑。可见故事比空洞的哲理，使大家容易铭记于心。佛法的宗要，也主张事理圆融。

《佛教故事大全》是由慈庄、慈惠、慈容、慈莲、慈嘉等所编著的。慈庄和觉珍、慈宜等主持佛教文化服务处，慈莲是儿童班的教师，慈惠、慈容、慈嘉系幼儿园老师。两年之内，在她们教课的余暇，能把这五十余万字的巨著完成，是一件非常辛苦的事。她们都是二三十岁的女青年，能有这么大的热心毅力，研读佛经，著文宣扬，可以说，佛教青年在佛教史上写下了光辉的一页！

《佛教故事大全》计有故事四百余篇，她们写好后，交给我审阅，我细读一遍，觉得这些故事，有的是依佛经改写的，有的是搜集各书刊上发表过的加以重编的。内容可说都非常忠实于佛典，但在情节上表达得还有不足的地方，而且，佛经中的故事仍多，也不止这四百余篇。虽然如此，但这已经是一部内容丰富、叙述简明的大众读物了。

本书依其内容性质，装订成册，分为十篇：

一、供施篇　二、因果篇　三、信修篇　四、悔愿篇　五、忍进篇　六、智愚篇　七、苦空篇　八、本生篇　九、弟子篇　十、警语篇

像这样的分法，便于给弘法布教者参考，但并不一定确当，例如在供施、因果等篇中，好多篇是本生谭，而并未完全收进本生篇中。又如一个故事，内中讲到供养、布施，可是又涉到忏悔、发愿，所以本书分类，只是一个大概的划分，这应该在此告诉读者。

在佛教徒偏重信仰修持而不重视智慧理解的今日，出版一部一千数百余页的书，是一件为法牺牲的精神。不过，我希望读者能从本书中体解大道，长养信心，把书中的故事广为宣扬，自觉觉人，功德无量！

1961年1月15日写在宜兰念佛会

【弟子篇】

大小诸经中常见佛特说十弟子之第一：一、舍利弗，智慧第一。二、目犍连，神通第一。三、摩诃迦叶，头陀第一。四、阿那律，天眼第一。五、须菩提，解空第一。六、富楼那，说法第一。七、迦旃延，论议第一。八、优婆离，持律第一。九、罗睺罗，密行第一。十、阿难陀，多闻第一。

——《佛学大辞典》丁福保

富楼那的布教

佛陀弟子中说法第一的富楼那尊者，他说法度众生，不求恭敬，不图容易，越是偏僻，越是难以教化的地方，他总是更热心地想去传播佛陀的教法。

夏安居以后的一天，富楼那又想出外弘法，他对佛陀告假道："佛陀！请你慈悲，准许我到输卢那国去布教！"

佛陀听到富楼那说后，很欢喜他的请求。但伟大的布教家佛陀，知道布教非易，尤其是往输卢那国去，就着事实，佛陀对他说道："富楼那！教化众生，利己利人，我很嘉许你的志愿，对于你往各方布教，我很放心。但我不能不告诉你，布教不一定到输卢那国去，你最好另外选择一个教区，马上就起程，我们欢送你！"

"为什么呢？佛陀！凡是有众生可度的地方，不是都可以去布教吗？"

佛陀解释道："富楼那！我告诉你，输卢那国是一个偏僻的小国，因为交通的不便，文化还没有发达，民性非常暴戾，打骂成为风习。外国去的人，很容易在那里丧失生命。你现在要去那样的地方布教，难道你不怕危险吗？"

佛陀这么一说，富楼那反而微笑着，坚决有力地表明他的志愿道："佛陀！你慈悲爱护我们弟子，我难以用言语来表达感激。不过我为了感激佛陀的恩惠，才更愿意把区区我的一切奉献给佛陀，奉献给正法和一切众生。正因为输卢那国是一个边地野蛮国家，没有人发心前去教化他们，所以我才觉得非到那边去传教不可。到那边去，我知道有危险随时会加之于我，但为了正法的宣扬，区区我的个人安危，实在没有顾虑的必要。恳求佛陀慈悲允许，让佛陀之光庇护我，准我前去开辟人间的净土吧！"

佛陀的容颜放射出慈祥之光，佛陀很高兴富楼那为法忘躯的精神。但佛陀看到左右的弟子很多，大家都应该具备布教家的精神，所以又亲切地问道："富楼那，你说得不错！做佛陀的比丘弟子，布教是最重要的修行之一。不过我要问你，你到输卢那国去布教，假若他们不肯接受你的说教，反而破口大骂你，你怎么办呢？"

"佛陀！他们骂我，我觉得他们很好，因为毕竟他们不完全是野蛮的人，只是骂我，不曾用棍棒打我！"富楼那没有考虑，恭敬地回答。

"假若他们用拳头、瓦石、棍棒打你呢？"

"我仍然觉得他们很好，"富楼那回答，"因为他们只是用拳头、瓦石、棍棒打我，还没有用刀杖刺伤我。"

"假若他们用刀杖刺伤你呢？"

"我还是觉得他们很好，因为他们还有人性，并没有残酷地把我打死。"

"假若他们把你打死呢？"

“这我就更要感激他们了，他们杀害我的色身，帮助我的道业，帮助我进入涅槃，帮助我以身体生命报答佛陀的恩惠，这对我虽无大妨碍，遗憾的就是对他们并没有好处。”

佛陀听后大喜，称赞道：“富楼那！你不愧是我的真弟子，修道、布教、学忍辱，你的心境都能平安，我们欢送你起程！”

富楼那得到了佛陀的鼓励，也很感动，加强了他布教不退转的决心，他顶礼佛陀以后，在比丘们欢呼送别声中向输卢那国进发。

乞富不乞贫

佛陀住世时，比丘们每日出外托钵乞食，总是遵照佛陀的法制，次第行乞，一个个，一排排，无论人家施舍与否，都必须经过。

可是解空第一的须菩提尊者，起初他过乞食的生活总和大众不同，一离开精舍，他就与大众分道而行，他都是一个人威仪齐整、行止安详地去找他乞食的对象。

诸比丘们起初对须菩提没有留心，但日子一久，发觉须菩提的行动有些奇怪。大家一注意，才知道是怎么一回事。

原来，须菩提乞食行化，总爱到富有人家的门上去，他见到房屋矮小，或是知道经济穷困的人家，他决不前去托钵。无论多远的路程，他都要赶到富贵的人家去，否则，他宁可饿着肚皮不行乞。

有一次，在毗舍离的国境内，有一位比丘在路上取笑须菩提道："穷在眼前无人问，富在深山有远亲。其实毗舍离的都城都是殷商富户，不知尊者今天看得起哪一家？"

须菩提听后，向那位比丘看了一看，然后解释道："大德！我不是看不起穷人，或许真正同情贫穷者的就是我哩！的确是不错的，我发愿向富者行乞，不向穷人托钵，这是我的苦心，还请大德原谅。”

“尊者乞富不乞贫，每天营养充分，难怪尊者身体这么健壮，你看，你真像一个大胖子。”

“大德！请你不要这么说！”须菩提温和地详细地说明他乞富不乞贫的原因道：“我向富人行乞，绝不是为了贪图美味珍肴，如果好吃，我们也不要出家学道。为什么我不到穷人的门上托钵？因为穷苦的人家，自己的生活都难以维持，哪里还有多余的饮食供养我们？即使他们愿意发心，也只是心有余而力不足。我们没有粮食救济他们，哪能再去增加他们的负担？反之，我们向富人乞食，区区一餐之施，在富者毫无所谓。我所以乞富不乞贫，就是为了这个原因。”

须菩提把他的意思表明以后，那位向须菩提说笑的比丘，才无话可说。

在僧团中和须菩提有相反作风的人，是大迦叶尊者。须菩提是乞富不乞贫，而大迦叶是乞贫不乞富。须菩提不了解大迦叶的用心，有一次闲谈时就问他道：

“尊者大迦叶！你乞食的态度和我相反，我很无礼地请求你告诉我原因。”

“尊者须菩提！”大迦叶解释道，“我们是出家的沙门，守道行法，这就是人间的福田。我们受人间的供养，是给他们增长福慧的机会。我向贫穷者乞食，给他们种福田，免除他们将来的穷困。富人们的福多，我们何必锦上添花？”

大迦叶尊者的话，一方面像是为自己解释，一方面又像是向乞富不乞贫的须菩提说教。须菩提听后，点点头，他不强人同己，说道：“乞富、乞贫，都是为了利益众生。尊者！佛法里方便有多门，我们可以各行其道，其实这都是佛陀的教法。”

须菩提和大迦叶乞食的作风成为强烈的对比，他们的说话和他们乞食的态度，给佛陀知道以后，佛陀对两个人都不赞成，曾呵斥他们心不均平，都不合乞食法。

真正的乞食法，是不择贫富，不分秽净，严肃威严，次第行乞。

迦旃延的论议

佛陀弟子中论议第一的迦旃延尊者依照佛陀的教示，宣扬四姓平等的主张，很多的婆罗门知道了都不服气。一有机会，他们就来找迦旃延问难。他们想，不把迦旃延难倒，婆罗门从此就不要再想抬头。

可是，善于巧辩的尊者迦旃延，不管你是什么权威的婆罗门，只要遇到他，很简短的言辞，不用几句话，总会把问难的人说得心悦诚服。

有一次，尊者在波罗奈国乌泥池旁和同学比丘们在斋堂里进餐的时候，有一个上了年纪的老婆罗门知道了以后，就来向他挑战。老婆罗门倚拐杖，默默地站在迦旃延的身旁。他心下想，迦旃延看到他时，一定要起立让座。可是，很意外的，迦旃延瞧也不瞧他一眼，他等得不耐烦的时候，就大声地责问道："你们算什么？你们对我这样老的长者，为什么不起立让座？"

诸比丘一听大惊，很多人都站起来想让位给老婆罗门坐。可是迦旃延却不慌不忙地对老婆罗门说："你是什么人？这样大声地嚷叫？我们是在奉行着恭敬的教法，可是在这里并没有我们的长者和前辈呀！"

老婆罗门修道者，很不服气，他举起手中的拐杖，指指面上的胡须，怒气冲冲地说道：“像我这么大的年纪，可不可以称作长者？你们应不应该对我恭敬？”

“你？你是不可以自称长者的，你也不应该受我们的恭敬！”迦旃延轻言慢语但很有力地说。

“为什么你目中无人？”老婆罗门气得暴跳如雷，用手中的拐杖指着迦旃延的脸责问。

迦旃延对着老婆罗门，仍然很悠然地说道：“我从你讲话的音声，以及你这样粗气的举动，我才说你不配称作长者，不值得人恭敬。因为就算是婆罗门，到了八九十岁的老年，发白齿落，而他并没有真正地修道，耽于色香味触，不能离开贪嗔嫉妒的烦恼，这仍应该称他做青年。就算是个二十岁左右的青年，皮肤润泽，头发乌黑，而他已经解脱了爱欲的束缚，对世间没有贪求，没有一点不平的观念，像这样我们可以称他长者，称他老宿士，应该受我们全体的恭敬！”

老婆罗门听了迦旃延的话，没有话再说，就默默地走开。

乞贫不乞富

有一次，佛陀和诸弟子在舍卫国的时候，王舍城的教区就由大迦叶主持，他经常出入王舍城布施福祉。他行乞的时候，是远避富豪而选择贫穷之家。尊者的心中，以为富人虽该怜悯，但总不如每日为生活都要忧愁的人更可怜了。

那些贫苦的人，因为贫穷而不能享受到五欲的快乐，虽然闻到正法很高兴，但究竟不能获得能够布施的幸福。尊者大迦叶，那慈悲的心如流水一般，流注到这些可怜的人们身上。

在王舍城中，有个很贫穷的老婆婆，既无亲戚，也无家可归。白天，东街流浪到西街；晚上，随便睡在哪个小巷的角落。她身上穿的是竹叶编织的衣服掩蔽她那难看的裸体，当一次身体害起严重的病症时，她躺在尘埃中等死。有时，富家的佣人，将洗米的水汁倒在老婆婆的身旁，被饥饿所迫的老婆婆，赶快用破瓦片去接受那肮脏的米汁来充饥。

大迦叶知道这位被贫病所缠的可怜老婆婆后，他就特别前去访问。这位老婆婆，自从贫病加诸她身上以后，从来就不曾有人访问过她。尊者到时，她挺起病身一看，原来是一位很庄严的乞食的比丘，难道比丘比老婆婆还贫穷？所以她就说道："我的身体是这样被贫病所煎迫，尘埃草堆就是我的家，你看我也没穿衣服就这样躺着。在这国中，没有比我再贫穷苦恼的人。唉！难道世间上没有一个仁慈的人供养你们沙门吗？你为什么要来访问我？你应该先来设法救济救济我的贫苦！"

大迦叶回答道："在这个世间上最尊贵最仁慈的人莫过于佛陀，或者是沐浴着佛陀之光而施教化的人！今天我就是为了救济你的贫穷，所以才特地来向你乞食。我也想用物质来帮助你，虽然这样可以免你一时之苦，但那更会增加你的贫穷。不如你随便把身边一点东西布施我，你就以此功德，来世可以生在富豪的人家，或是生到天上，享受比较久的快乐。"

老婆婆虽为尊者的说教与慈悲所感动，但找不到一样东西可以布施。老婆婆就伤心地哭泣着说道："伟大的沙门！你尊贵的教示深深地铭刻在我的心底。不过，你也知道我是一个贫穷下贱的人，我的身边既没有食物供养你，也没有衣服可以布施你。"

"老婆婆！有意布施的，即非穷人；知道惭愧的人也就是穿着法衣的人。你既拥有这两种稀世之宝，所以你绝不是贫穷的人。看那些世间上占有金银财宝的人，不知道布施，不懂得惭愧，才是极愚痴极贫穷的人。"

老婆婆听到这样的教示，欢喜得几乎跳起来，法喜洋溢在胸中，对未来充满了希望，她忘记了自己污秽的身体，竟将瓦片里剩下的米汁，从竹篱上捧给大迦叶尊者，尊者也恭恭敬敬地把它接过来，为了避免她的疑惑，尊者立即把那米汁喝干，老婆婆内心欢喜无比。

没有多久，老婆婆终于离开世间往生忉利天宫，由于布施供养米汁的功德，她做了美丽的天女。有一次她念起前生的福业，想起大迦叶尊者的恩惠，曾下降人间将天华散在尊者的身上。

拒绝求爱

王子出家的阿那律，热心听经闻法，甘于淡泊的生活，对于佛陀的说教，总是很欢喜地奉行。

阿那律虽然没有证果，但因有法乐在支持他，他为了要报答佛陀允许他出家的恩惠，想做一次行脚，到各方去弘法。佛陀很高兴地鼓励他，在佛陀的意思，弟子们能够热心弘法利生，从弘法利生的工作中，可以长养自己的信心，信心升华，才可开悟证果。

年轻的比丘阿那律，有着庄严的仪表，优美的风采，他的皮肤是黄色的，他的鼻子像鹦鹉的嘴。因为他有端正的相好，在弘化的途中，有一次遇到一个少女向他求爱。

这一天，阿那律从祇园精舍往憍萨罗国的途中，路上没有比丘的宿处，没有办法，他只得向民间投宿。荒凉的乡野，村庄也是疏疏落落的，阿那律投宿的这一家院落很大。可是意料之外的，这一天，这一家没有人，只有一位年轻的少女在家。

阿那律很犹豫，一位比丘投宿在只有一位少女的人家，不知可以不可以，因为当时佛陀制戒，好像没有提到这一点。阿那律看看暗下来的天气，乌云密布，像是要下雨的样子，阿那律没有再讲什么，只得住下来。

阿那律住下来不久之后，有一位年长的过路老人，也来借宿，可是少女拒绝他，对于年老的人这么没有礼貌，没有同情，阿那律心中就有些奇怪。

少女对阿那律很殷勤，拿茶拿水，问长道短，阿那律在内舍结跏趺坐，一心念佛念法念僧，希望早些天明，以便赶路。

夜半，灯光渐渐地暗淡，朦胧中，门声响处，那位年轻的少女走到阿那律的床前，她温柔多情地说道："你是一位沙门，我知道对一位沙门有非分之想真是罪过。但我见了你以后，我又无法压制对你的爱情。请你相信我，我不是一个水性杨花的女孩子，近来很多有名的公子向我求婚，我都一一拒绝。但我看到你清秀的容貌，端正的行为，我现在不怕羞地自愿将身许你，请你以后就住在我的家中，我的父母一定也很欢喜。"

长得那么英俊，又是王子出家的阿那律，对于应付女孩子的爱情，他是少许有些经验。当他还没有出家的时候，就有不少王族的少女包围在他的四周，向他求婚。阿那律虽然貌美，但他一向就知道爱情是一枚苦果，他不以为情欲是快乐，他认为修道，获得安稳，才是真正的快乐。

当女人燃起爱情的火焰时，是不容易熄灭下去的。阿那律只得把双目紧紧地闭起来，不理睬她，使她羞惭而退。

可是这个少女以为阿那律不好意思，她更靠近一步，抚摸阿那律的手，阿那律仍然像高耸的山岳，岿然不动，少女甚至拥抱他，阿那律这才睁开眼睛呵斥道：“姑娘！你怎么这样不知羞耻？男女不应该这么苟且胡来！何况我已经是出家的比丘，你对我实在没有礼貌！

“人间男女的爱情，是生死痛苦的根源，很多的烦恼、是非、纠纷都是因爱情而起。我现在请你把情欲的烈火熄灭，好好观察自己的心。”

阿那律义正词严的话，使少女羞愧得低下头，她悔过的心终于生起，要求阿那律接引，皈依佛教，做了优婆夷。

男女相吸，这是人的习性，但修道者要能超脱人性，才能接触佛性，从此以后，阿那律就不再去在家人家投宿。

入定解危

佛陀在罗阅城迦兰陀竹园说法的时候，舍利弗尊者在耆阇崛山入金刚三昧。

这时山中有一善一恶两个鬼王镇守，一名优婆迦罗，一名伽罗，他们远远地见到舍利弗结跏趺坐，伽罗恶鬼对优婆迦罗善鬼说道：“优婆迦罗鬼王！我今能以拳击杀此沙门的头！”

“你快不要这么说，这一位沙门是佛陀的弟子，聪明智慧，最为第一。而且他有神德威力，你如果对他生起恶意，将会永久沉沦，受苦无量。”优婆迦罗善鬼回答。

“你畏惧沙门吗？沙门是世间上最好欺的人。你注意看我一拳击去，这个沙门的头，立刻就会粉碎！”

“如你所说，我实在是畏惧沙门，沙门虽是忍辱可欺，但沙门的德力无穷，你如果打这位沙门，他虽受苦一时，但我们却永久不安。”

善鬼说后，恶鬼不听，即以拳击打舍利弗的头，善鬼不忍观看，就隐身他去。

说时迟，那时快，恶鬼举拳打来，舍利弗微微觉得像头上落下一片树叶，睁开眼来见一个恶鬼，七窍流血堕入地狱之中。

舍利弗从金刚三昧的正定起来，整一整衣服，到迦兰陀竹园拜见佛陀，佛陀问道：“舍利弗！你现在身体有恙吗？”

“佛陀！我从来没有害过病，不过现在头好像有点痛。”

“舍利弗！今天好在你入在金刚三昧之中，所以伽罗鬼打你的头而不能伤你，否则，伽罗鬼以拳击须弥山，都能令其分成二分，金刚三昧之力如斯之大，你们诸比丘应好好修持！”

舍利弗常游在空三昧和金刚三昧中，外境的灾难绝对不能加害他。

移山显异

在佛陀住世时的印度，不信奉佛法的外道，证得五通的为数也不少。可惜他们不明白究竟的真理，不修智慧慈悲的德行，所以不能了脱生死，仍然沉沦在六道轮回之中。

对于这些有神通的外道，佛陀往往都是叫目犍连去度化他们。

有一天，佛陀对目犍连说道："目犍连！在印度的边境，有一个大国，王及臣民，不解佛法，奉侍梵志外道。很多的梵志，均有神通，能移山住流，分身变化。你可以方便运用威神德力，使其信奉佛法，回邪向正，改往修来。"

目犍连即刻遵照佛陀的意旨，飞腾空中，只见甚多外道，绕山而坐，看那情形，像要用道力移动大山的样子。

目犍连就在大山的顶上，高悬虚空，大山就丝毫不动。众外道大惊说道："此山已起，是谁使其不动，难道我道之中，有了不净的人吗？"

众外道听梵志说后，忽见山顶之上目犍连高横虚空，他们就大声呼喝道："你是何人？敢在这里放肆！此山阻塞交通，国王命令我等移去此山，为民除患，你为何压住此山，不让其移动？"

目犍连笑着说道:“我明明是悬在虚空之中，谁来压你的山呢?”

外道梵志，又再发动道力，三次欲令山移，但是高大的山岳，依然如故。

正当诸外道感到无法而惊慌时，目犍连高声叫道:“众梵志留神注意，你看大山去了!”

目犍连说话时，那巍巍高耸的大山，顿时就成为平地。

诸外道梵志都稽首说道:“大德何方而来?如果不是智慧明达，道德深厚，不能如此。请收我等作你座下的弟子，为我们指点迷津。”

目犍连从空中而下，对大家道:“你们虔诚悔改的心，我知道不是虚假欺人。不过，我忠实地告诉你们，你们果真欲去暗求明，除恶趋善的话，我有尊师，名曰无上正等正觉的佛陀，佛陀是天中之天，圣中之圣，俱一切智，万德万能，你们都随我到佛陀的座前皈依，佛陀一定慈悲地接受。”

诸梵志欢喜踊跃地问道:“佛陀的教化难道还要超过你吗?”

目犍连庄严地道:“佛陀如须弥，我等如芥子，芥子不能比须弥;佛陀如大海，我等如河流，河流也不能比大海;佛世难遇，你们皈依佛陀，才能得度!”

诸梵志闻言欢喜，都跟随目犍连至佛陀座前皈依受教。

目犍连尊者，常常用神通折伏外道，使其投向佛法的怀抱之中，他是佛陀弟子中最有办法的人。

阿难的女难

佛陀比丘弟子中，长得最年轻最漂亮的就是阿难，他有庄严如满月似的面容，有清净得如莲花似的眼珠，加之他更是聪明伶俐，佛陀所有应机的说法，听到他的耳中，他就不会忘记。

他是很得佛陀欢心和重视的人，常受佛陀的称赞，也常带给佛陀麻烦。

有一次，阿难从不触民村庄托钵乞食回来的途中，见到路旁的井边，有一个奴隶阶级的年轻姑娘，正在汲水。一看她的打扮，就知道她是被人认为贱族的女人。但阿难对她并没有存鄙视的心，他因为口渴难挨，就上前要求这位姑娘布施他一钵清净的井水。

这个姑娘名叫摩登伽女，她因为自己是下贱种族的身份，不敢把水呈献给阿难，她对阿难说道："阿难比丘！我早就认识你，我对你早就心生敬仰，现在并非我可惜把水供养你。我是被人视为首陀罗的女子，供养你的水于你王族的身份反而不好。"

阿难摆摆手势，摇着头说道："没有关系，你不要把我看作普通的人，我是沙门，我看谁都是平等的。在我的心里没有贵贱的区别，请你给我一点水，我实在口渴得很。”

摩登伽女听后非常欢喜，很恭敬地用双手捧水给阿难，阿难一点没有轻贱她的心，他对摩登伽女，很有礼貌地点头答谢。摩登伽女因此铭感五内，她再看看风度翩翩的阿难，不由自主地生起爱情的心。阿难喝好水归去的时候，她目送着阿难的背影，一缕情丝，万分爱恋，摩登伽女感到若有所失的神魂飘荡起来。

从此以后，摩登伽女在家中像是失去人生的乐趣，终日不是忧郁就是沉思，花一样的娇容也日见消瘦。她的母亲很是不放心，再三问她究竟有什么心事。

摩登伽女想不告诉母亲不行，因此她就坦白地向母亲说道："佛陀的弟子当中，有一个比丘叫作阿难，我前几天见到他以后，现在怎样也不能忘记。他已经占据我整个的心房，没有他我感到生活无聊，人生也没有意义，我恳求母亲为我设法。”

她的母亲听后，皱着眉，很不以为然地说道："关于你的终身大事，有两种人，我的力量是没有办法的。一是断欲的人，二是死去的人。听说大圣佛陀是有崇高道德的圣者，他的弟子都已断除爱欲，现在全印的国王、学者、人民，大都信仰皈依佛陀，我对于你有这样的痴想，很是感到没有办法。”

摩登伽女低下头说道："我看阿难不是断欲的人，他像是很多情的人。没有他，我是怎样也不愿再生活下去。”

母亲很爱女儿，她左思右想以后，告诉摩登伽女，要想阿难招亲，除非学会娑毗迦罗先梵天咒迷惑阿难，使他蒙蔽智慧，除此没有再好的办法。

魔咒有效果无效果，这是不知道的。不过，阿难不能忘记摩登伽女也是事实。

又有一天，阿难托钵经过摩登伽女的门前，摩登伽女礼貌地向阿难问讯，并柔和娇媚地向阿难说道："阿难比丘，我的家中散花烧香，洒扫得很是清净，都是为着欢迎你的光临。今天请你赏光，到我的家中坐坐，受我的供养。"

阿难犹豫不决，不知如何答应才好。摩登伽女的母亲在旁也帮忙怂恿，表示要阿难到她的家中去坐。阿难身不由主地进去，摩登伽女大喜，但阿难的心中却暗暗啜泣。

阿难知道自己已被美色诱惑，他的心里很是矛盾，理智与情感发生强烈的冲突。摩登伽女娇揉作态，淫躬抚摸，阿难将毁戒体的千钧一发之时，他像受到佛陀光明的摄受，即刻智慧的心灵生起，他终于勇敢地摆脱摩登伽女的纠缠，夺门逃回祇园精舍。

摩登伽女不是这样就算了，她更积极进行诱惑阿难的行为。她穿起华丽的衣服，装饰得珠光宝气，在祇园精舍的附近等候阿难。女人爱情的一念，比什么金属的物体还要坚强。

有一天阿难从祇园精舍出来，摩登伽女非常欢喜，她跟在阿难的后边走，阿难想用法子离开她，但她一步一跟地随在身后。阿难觉得她很可耻，即刻就回归祇园精舍。适巧第二天是四月十五日，是佛陀规定雨安居开始的那一天。从四月十五日到七月十五日的三个月中，佛陀和弟子们不会出来。

摩登伽女焦急地，痴痴地等过七月十五日，阿难出来托钵时，她又跟随在阿难的身后。阿难没有办法，回到祇园精舍时，在佛陀的座前跪下说道："佛陀！旃陀利的女子摩登伽女诱惑我，我到什么地方，她都跟随到什么地方。请佛陀慈悲帮助我，怎样才能离开她？"

佛陀微笑着说道："阿难！你为什么给一个女子弄得这样没有办法呢？这都是过去你只重多闻，不重戒行的关系。一旦声色的境界逼来，就觉得无力抵挡。我可以帮着你，你不要挂念，但以后你不要再找这些麻烦，也不可有这样的存心。"

佛陀说后，叫阿难去把摩登伽女引来，阿难奉命走出祇园精舍，见到摩登伽女还在门外徘徊，阿难向前问道："你为什么老是要跟随在我的后面？"

摩登伽女一见阿难大喜，她就撒娇着说道："你真是一个呆子，这个问题为什么要用口说出来？你又不是不知道，当初你向我要水吃时，你说的话是多么的温柔甜蜜，你对我的态度是多么多情有礼。后来你光临到我的家中，我已愿意把我的一颗心奉献给你，哪知道你又不别而逃。你我有的是青春美貌，我要你和我共同享受人生的乐趣，海枯石烂，我对你的爱情都没有变的时候。"

阿难像是不敢看摩登伽女的样子，他像害羞似的说道："我的老师救世主佛陀要见你一次，你跟我来，佛陀会为我做主。"

摩登伽女犹豫一下，想到佛陀会做主，她终于鼓起勇气竟忘记羞耻，跟阿难走到佛陀的座前。

“你是想和阿难结婚吗？”佛陀直接问道。

“是的！”摩登伽女两手放在胸前，低着头回答。

“男女的婚姻，应该要得到父母的许可，你可把你的双亲请来一谈吗？”

“我的双亲已经许可，我的母亲也曾见过阿难，佛陀如果不信的话，我即刻可以回去把我的母亲请来。”

摩登伽女回到家中，把母亲带到精舍来，向佛陀行礼说道：“佛陀！我的母亲拜见您！”

佛陀问摩登伽女的母亲道：“你是允许你的女儿和阿难结婚吗？但阿难已是一个沙门比丘，你应该先让你的女儿出家一次再和阿难结婚好吗？”

摩登伽女的母亲回答佛陀道：“可以照这样做，我很欢喜。”

佛陀吩咐道：“那么你就回去吧！把摩登伽女留在这里。”

摩登伽女的母亲走后，佛陀又对摩登伽女说：“你既愿和阿难结婚，那你先要出家一次，你要精进地修行，等到你的道心能和阿难相比的时候，我再为你们举行结婚典礼。”

摩登伽女因为一心要做阿难的妻子，她很高兴地剃发染衣，热心地听闻佛陀的说教，精进地遵照佛陀的指示修行，在比丘尼的教团中和师兄们共同过着佛化的生活。

摩登伽女的心，一天一天地安静下来，她这时候才知道过去执着爱情实在是可耻的行为。

佛陀常常宣说五欲是不净之法，是众苦之源。愚痴的飞蛾，自己投火烧死；无知的春蚕，自己作茧自缚。去除五欲之念，内心才能清净，生活才能安宁。

摩登伽女渐渐地已体会到自己迷恋着阿难，完全是不善不净的思想，她很后悔。有一天，她跪在佛陀座前流泪忏悔着说道：“伟大的佛陀！我现在已完全从糊涂的梦中清醒过来，我不会再像往昔那么愚痴胡来，我现在明白我所修证的圣果，此刻也许超过阿难比丘。我很感激佛陀，佛陀为度化我们这些愚痴的众生，真是用尽种种的苦心与方便，请佛陀慈悲怜悯我，准许我的忏悔。我愿永远踏着佛陀的足迹，走向真理的领域，服膺佛陀的教化，自觉觉人，做一个真理的使者。”

佛陀微笑着很满意地回答道：“摩登伽女！很好！我早就知道你会有今天的成就，你的根机很利，今后你是不会要我再烦心了。”佛陀很高兴。

摩登伽女转祸为福的佳话，在僧团中留下千古的美谈！

优波离入四禅

优波离是佛陀弟子中持戒第一的弟子，他未出家时，年龄大约二十岁左右的时候，还是一个小理发匠。此时正是佛陀成道后的第三年，佛陀回到故乡迦毗罗城的时候，为了剃头理发，大家就介绍优波离。

为佛陀理发，优波离受宠若惊，他想到佛陀是大觉者，听说有三十二相，佛陀的头发一定与人不同，他不敢为佛陀理发，怕万一有了什么触犯怎么得了。他竟然跑回家中，向母亲诉说不敢为佛陀理发的原因。出身于首陀罗族的优波离，从小就自卑感很重，佛陀，是王子成道的佛陀，他看都不敢看，哪敢为他理发呢？

母亲就安慰他，叫他不要怕，听说佛陀很慈悲，还经常对苦难的人说法，佛陀不会有势利的眼光，一定不会看不起首陀罗族的人。母亲虽然这样说，但优波离恐怖的心仍不减少，母亲没有办法，就告诉优波离说，明天去为佛陀理发，她要带他去。

学会了理发的手艺，去为别人理发的时候，还要请母亲陪着去，这真是一个天大的奇闻！

从这里我们不难想象优波离的个性与为人！

第二天，母亲带着优波离，先去拜见佛陀，然后就叫优波离为佛陀剃发。

优波离谨慎地、小心地、缓慢地为佛陀剃发，他的母亲在旁边看着，理了一会儿，母亲跪在佛陀之前问道："佛陀！优波离剃发的手艺怎样？"

佛陀经这一问，注意看了优波离一下，说道："好像身体显得太弯了！"

大概是由于优波离对佛陀的恭敬，弯着腰，不敢直起来，但经佛陀这么一说，他集中心力，据说他就有进入初禅的功夫！

过了一会儿，他的母亲又跪下来问道："佛陀！此刻优波离剃发怎样？"

佛陀对于他母亲的再问，回答说："现在身体好像又太直了！"

优波离给佛陀这么一说，不敢妄想稍懈，一心一意，据说，他这样就有进入二禅的功夫！

不久，他的母亲再问："佛陀！现在优波离剃发怎样？"

佛陀不假思索地答道："入息太粗了！"

优波离一听，竟想不要入息，把心力集中在出入息上时，据说，他这样就已有了进入三禅的功夫！

最后，他母亲又问道："佛陀！现在优波离剃发怎样？"

佛陀回答说："出息太粗了！"

优波离竟然此刻一念不生，安住于无念之中，忘记手中的剃刀，据说，他此刻就有了进入四禅的功夫！

到了这时，佛陀赶快对身旁的比丘们说："你们来一个人，把优波离手中的剃刀拿下来吧！他此刻没有想念，已进入第四禅。再过来一人把他扶着，不要让他倒在地上！"

像这样的记事，我们可以知道优波离对于自己的工作是如何地细心，每受人家的忠告，都肯认真地改正。因为他有多虑和严肃的性情本质，所以生活很容易受外人左右，在他身上，决不愿给人有一句非的和恶的批评，故此，他后来被推为持戒第一，不是没有原因。

赠送精舍制

佛子罗睺罗，自他开悟以后，在教团里的地位，更是提高，尤其是在家信徒们，对他更另眼相看。不容否认的，在比丘中，要以罗睺罗所受的供养最多。

一般而言，供养多了，物质生活过得丰富，就会障碍修道。不过，罗睺罗现在是觉悟的圣者，身外之物拖累不了他，凡是有双份的东西，他总是转赠给别人。

佛陀在迦毗罗国一个聚落说法的时候，有一位长者信仰佛教而皈依了，这位长者，尤其和罗睺罗投缘，或许这位长者还有地域观念吧，他要为罗睺罗发心护法，只要罗睺罗有所需要，他总是为他做到。

后来，长者特地建筑了一座精舍供养给罗睺罗，罗睺罗也就在此安住下来。因为那时行脚的比丘很多，罗睺罗住的精舍里就常有比丘挂单，可是那位长者以为精舍是他布施的，他总喜欢干涉精舍里的事。罗睺罗就报告佛陀，请问佛陀怎么办，佛陀就告诉他道："罗睺罗！在我的法中，僧团中的事，在家信徒是不可以管的。在家信徒发心布施精舍，不可因为是他布施的就横加干涉。你告诉那位长者，问他供养精舍的目的何在，如果是施僧，施出去的东西就不是自己所有的。如果他要管理，告诉他精舍不是商店，精舍由僧住持，信众护法是可以的，管理则不可以。”

罗睺罗把佛陀的话告诉长者，可是，不能深解佛法的人，往往会给权势冲昏头脑，或是过分热心而执着，要教这位长者不过问精舍，他不能完全放下，就这样他和罗睺罗的感情有了芥蒂，过去是他所尊敬的罗睺罗，现在反而成为他的眼中钉。有一天，罗睺罗为了一点事情到舍卫城去，正在这时候，那位长者就来访问罗睺罗，一见无人，屋子里是空空的，于是，乘罗睺罗不在，他便将精舍再供养给其他的比丘。

在家信徒，像这样出尔反尔的分别心，实在是违背法制的。当罗睺罗把事情办完后回来的时候，精舍已为别的比丘所住，他就再回到祇园精舍去，佛陀问他为什么很快又回来，罗睺罗就老实地把情形告诉佛陀。佛陀听了以后，非常不高兴那个长者的作风，佛陀慨叹不能深切了解佛法的人，要他忠实地奉行佛法，实在很难！

佛陀马上召集诸比丘说：“曾经一度布施过人的东西，即使那施主要再送给你，你也不应该接受。”

这不是佛陀护着罗睺罗，僧团的法制，都是为了免去未来的纠纷，不幸的是佛陀的话言中了，今日佛教中寺产的争执，大都是因为这个原因。

化狮度恶

两千多年前，佛陀座前的大弟子摩诃迦叶尊者，现在仍生存在印度的鸡足山，这在经里有明白的记载。迦叶尊者能有这么长久的寿命，当然是他的修持和愿力，但也是他生生世世救度众生所累积的功德。

下面是迦叶尊者在往世生中，救度众生的一段事迹。

那时迦叶尊者做忉利天上的天帝。当他俯视人间时，就感到秽气冲天，看到人间充满杀、盗、淫、妄的罪行，众生被我见、邪见……蒙蔽了真性，不明善恶，妄造罪业，以致堕落三恶道里，再难回生到人间。

有一天，天帝召集护世四天王和所有的天众说道："我看人类真是可怜愚痴，不懂佛法，把个人间弄得杀盗淫妄，秽气冲天，大都堕落不能上升。现在让我们下凡去，以我们的力量度化他们修学佛道，使每一个人都能上升到天上来。"

于是，天帝令天人们化作狮子，自己化为狮王，领头下降到人间来。

在人间，这时常有一群凶猛的狮子在乡村和城市出没，危害人命，当然那只是对付一般不务正业，专干杀盗淫妄的恶人。可是人们并没有发觉，以为狮子吃人是为充饥，索性按时送几个人去做狮子的食物，以解救众多人的生命。哪知被送去当食物的人竟有活着回来的，起初大家不知为什么，日子一久，才发觉活着回来的都是善良的人。狮子竟是专挑行为不端的恶人吃，于是大家开始注意自己的行为，为的怕受狮子的危害，为的维护自己的生命，大家都谨记假如不行善随时会丧失生命，再不敢杀盗淫妄等。很自然地，到处人人奉行十善，甚至有人出来宣扬行善，当大家向善，认真学道的时候，那一群凶猛的狮子却不知去向。

天帝带了他的从众回到天上来时，人间那股冲天的秽气再也没有了。

可是，时间一久，人类的旧习虽改，杀盗淫妄又满人间了。

显异受斥

佛陀在行化中，有一个名叫树提伽长者的，他造了一个旃檀钵，放入丝网内，高高地悬挂于象牙杖头上，他对人宣布说：“无论是沙门，婆罗门都好，只要他能不用梯子或拐杖，而用手取下这丝网里的钵，那个钵就算是他的了。”

树提伽长者的话，一看就知道他是要人家现神通，也就是说有神通力量的人，方能得到那个钵的意思。

观看的人很多，但并没有一个人想去动它。其实，要想动它也没有那个本事。因此，来来去去的人，只是用羡慕的眼光看着那个旃檀钵。那些外道婆罗门听说有这回事，也来看，当他们知道有神通的才能取到的时候，都摇头而去。

这时，佛陀十六大弟子中的宾头卢尊者，也知道了这消息，问目犍连尊者是不是真的有这么一回事。目犍连告诉他是真的，宾头卢好像很感兴趣地说：“尊者！您是佛陀座下神通第一的人，您可以去把它拿回来。”

目犍连因佛陀常教诫人不可以用神通去显异惑众，所以他回说不要。宾头卢看目犍连没有想动的意思，于是引动了他的好奇心，他马上进入禅定，在定中他取到了那个值钱的旃檀钵。

佛陀知道这件事后，很不高兴地斥责他道：“旃檀钵并非比丘所适宜持用的，为什么你为了一个外道的钵，而在未受戒的人面前显现神通？从现在开始，把你摈出教团，这个地方你不可以再住下去。”宾头卢到哪儿去呢？原来他跟西牛贺洲的众生有很深的缘分，佛陀要他到那边去度化。

佛陀还要他不许进入涅槃，永世常住于这世间，为有缘的众生作殊胜的福因。

比福轻重

大概两千多年前，印度的阿育王，他有殊胜的福报，把印度所有的小国以及部落，统统征服，将整个印度，统一起来。过去的印度，也和我国战国时代一样，分成很多小部落，小国家，在阿育王的时候，才归于统一。这也是历史上，印度第一次的统一。

阿育王英勇能干，他训练有坚强的兵士，强壮的马匹，并且对人民，也诚如自己。因此，很快的，大家就被他的威德所感化，对他生起敬崇。可是，最不好的，就是他的傲慢心很重。

有一次，他召集群臣，问他们说："天下，还有什么地方，不属于我？有什么人，不服从我？"

群臣们同声地回答道："天下没有什么地方，不属于王，也没有哪一位，敢不服从。"

大家话刚讲完，其中却有一位官吏站起来奏道："以我所知，天下还有不属于国王的，如海中的龙王，他就不属于大王。向来，他们不和我们打交道。更没有宝物来朝贡，可见它不属于大王。"

阿育王想试验自己的福德、威力，是不是能慑服龙王，因此，发动兵将百万，鸣钟敲鼓，旌旗高展，浩浩荡荡，来到海边，阿育王厉声向龙王喊道："龙王，你在我的境内，为什么抗拒不出来见我？"

静静的一片大海，唯有海浪起伏着。阿育王虽然再三喊着，可是依旧默默没有反应。这时的龙王，安然地生活在龙宫里，对阿育王的这些举动，视若无睹。

阿育王急得没办法，就问群臣道："有什么好办法，令龙王不得不出来？"

比较有智慧的官吏就说道："大王！请你别急，时候一到，不要人叫，它也要出来的，现在可能它的福报在大王之上，所以它不归服。如果要试探也可以，用两斤黄金，来造两尊像，造一尊龙王的像，又造一尊大王的像，让两尊来比一比，看哪一尊的重量多，就是谁的福报大。"

阿育王依照大臣的话试验，结果称起来是龙王的像较重，这当然不用说了，一定是龙王的福报超过阿育王。这时阿育王自己了解，自愧自己的福薄，从此，加紧修福，发大善心，对于国中的孤苦老幼，救济安慰；并且在每个县市，又建寺起塔，恭奉佛像、舍利；看到经典，就生起崇敬心、欢喜心；国中的僧众，绝对的尊敬，虔诚的供养。这样经过三年的时间，又把两尊像请出来称量，真是不可思议，这一次大王的像比较重了。阿育王想再试探，是否灵验，就带着大众来到海滨。不要大王的呼叫或传令，龙王已变化为一位青年人，老远地就迎接着大王，并且带了很多珍宝，贡献给大王。

福报，是要自己培植的，没有福就妄想人恭敬，这怎么能够呢？

五种不死

在《弥陀经》里所提出的十六大弟子当中，有一位薄拘罗尊者，他有魁梧强健的身体，有庄严美丽的仪容，这是因为他在过去生中，从不曾杀害过生灵的关系。由于这善业的感召，在九十一劫里，无病无痛，从少到老，不会患病。不但如此，在他的身上更有五种不死的福力，什么是五不死呢？

一、不在自然界变化的山崩地裂中死亡；

二、不会受大火的焚烧，不会被大水淹死；

三、不会遇到盗贼的伤害；

四、不会受王法的制裁；

五、不会在刀兵战火中失命。

薄拘罗尊者有此善业和福报，见到或听到的人，无不恭敬赞叹。他对修行仍是恒常精进，常常结跏趺坐，端然不动。有时在树下坐禅，绝不因疲倦而倚靠树干，就是在屋里，也绝不靠近墙壁。如此的勤学，无人能和他比拟，更难得的就是他具有无碍的言辞，能畅说一切妙法。虽然这样，但他并不常为大众说法，终身都保持静默无言的态度，这使很多人感到奇怪，既能说，为何不肯说？因此，有一天阿难就问他道："薄拘罗尊者！你为什么不为大众开一方便，畅说妙法？"

薄拘罗尊者很稳重地答道："话说多了，不一定受人欢迎，虽然你的言语句句皆值千金，但有的人，却认为你的发言，扰动人心。我常常在寂静中得到法乐，所以我也希望大众能和我一样，在静中获得法乐。"

薄拘罗尊者对打坐参禅既很用功，而修持忍辱的功行，更是伟大，被人痛打，不但不还手，更不起嗔恨心。被人陷害了，既不想报复，也不怨怪人。就是受人的恶骂，他都能够忍受。利衰毁誉，称讥苦乐，此八风的侵袭，他都不为动摇，他那种修养的功夫，真令人敬佩不已。

悔过出苦

佛陀住世的时候，常有国王大臣们请去供养，这是佛陀的慈悲，要令众生都能种福田之故。

有一天，佛陀应阿耨达龙王之请，带领了五百弟子，来到龙宫，受龙王的供养。阿耨达龙王的王宫，真是富丽堂皇。在龙宫前面，有一个大池塘，这池塘叫作阿耨达池。池中有清凉的净水，这水与西方极乐国土中，七宝池内的八功德水一样，凡是有缘的人，饮了它一滴池水，便能知道他多生以前的事，并能证入圣人的境界。随同佛陀前来受供的这许多比丘们，虽然他们都已经证得果位了，但并不一定都有宿命通。可是，当他们来到阿耨达龙宫，饮了阿耨达池的水后，大家便都证得了宿命通。

受供完后，佛陀就在阿耨达池边，命五百弟子，各说自己往昔生中的事，这时有一位尊者名叫罗悲提，他起来说他宿命中的往事道："在我往昔生中，出生在这娑婆世界的时候，那时刚逢拘留孙如来应化到这世界来，为一切众生宣说种种的妙法。不多时，拘留孙如来便进入涅槃了，所有的佛弟子们都非常悲伤，许多在家的居士们，为要报答如来的深恩，发心要建造七层宝塔及大寺院，供奉如来圣像，并让许多出家人居住。就这样，那些发大心的居士们，每天都聚精会神地计划着这浩大的工程。

“我就居住在那附近，看到他们那种虔诚热烈启建塔寺的情形，我的心里便生起了无明的烦恼，对于他们所做的功德，不但没有称赞，反而嫉妒。心中的恶念不停地萌芽，口里还不断地说些怨言，骂他们愚痴，毁谤他们的功德。就这样，我的罪定了，苦报便形成了。

“未久，我命终之后，就堕在地狱里面，被烦恼的烈火烧遍了身体，我惨叫着，我求救着，但是，没人可怜我，没人解救我，那时的苦痛，真是没法忍受的。可能是因为太痛苦的缘故，我忽然从心中生起了惭愧的心，由于一念的悔改善心，在地狱的惨报，很快就终止了。虽然离开了悲惨痛苦的地狱，但却出生为一个身体矮小，面貌丑恶的人。人人看见我都讨厌我，远离我，甚至咒骂我。经过了好几世，才脱离了这种痛苦的人身。

“以后的一世，欣逢迦叶如来出世，虽然已经脱离了难看的人身，但又复降生为一只乌鸦。乌鸦是在鸟类中，最使人憎恶的，因为它的声音，实在难听。而且许多迷信的人都说：如果有乌鸦叫过的地方就不吉祥。所以有人一看到我就唾吐，就咒骂，每飞到一个地方都是同样地受人虐待。虽然是这样，但因为受地狱苦报时，曾以一念悔罪的心作为善根，也知道了过去的罪过，从此天天停留在如来经过的大路旁，翱翔在丛树间，望着如来和众多的弟子们，在波罗奈园的各地游行化度，我每天都跟随在他们的后面，听闻佛法，并带随着众乌礼拜如来，愿如来的慈悲允许我的忏悔。不久，仗着如来的慈力，我脱离了鸦身，再投生人间来。在这一生，我不会再堕落了，因为我遇到了正觉的佛陀，无上的导师，随佛陀出家学道，我已成阿罗汉果。”

罗悲提尊者，说完了他的故事后，在会中的比丘们，听了都皆大欢喜。

“莫以恶小可为，莫以善小不为”，我们要守口护心，一句善言，一个善念，自有不可思议的功德，罗悲提尊者的往事，很可作为大家的龟鉴。

愚人觉悟

教主释迦牟尼佛的弟子当中，有一位名叫周利槃陀伽的尊者，又名槃特，尊者从小就是一个很愚笨的人。他的父亲也是一个目不识丁的奴仆，供人驱使，但尊者的母亲却是一位大富长者的女儿，读书明理。世间上一切事很难料到，这样的笨夫慧女，竟然结为夫妇。

时光不居，岁月如梭，尊者母亲的临产日期到了，虽然路途遥远，可是思母心切，不顾一切地回到家乡。将要到家的时候，腹痛得非常厉害，急忙避到小路边，不多时，一个白胖的男婴儿就出世了。槃特就是在这种情形下到世间来的。可惜他从小就是个呆头呆脑的笨孩子，对于事理一点不懂，就好像现在说的白痴一样。但后来算他还有福报，能遇见佛陀，出家学道。由于根性愚钝，佛陀教他诵念四句偈，他无论如何也念不会，佛陀为了教化这特别愚笨的弟子，大开方便门，看到槃特在扫地的时候，就指着扫帚说道："槃特！以后你在扫地的时候，可以一边扫，一边诵念'扫帚'两个字，如果能一心持念，自然会得到好处。"

起初槃特念扫帚这两个字的时候，常常是念"扫"就忘了"帚"，念"帚"就忘了"扫"。一点记忆力都没有的槃特，凡是见到他的人都在窃窃地嘲笑。

有一天，耆域王子请佛陀及弟子们到王宫去受供，说明不欢迎槃特前去参加。当佛陀和弟子们到了耆域家里受供时，在热带的印度，有一种风俗，请客之前，主人必须先搬出水盆让客人洗脚，这种礼节叫作行清净水。这次，耆域王子将水已端到佛陀的面前，佛陀却不肯接受。耆域王子惊讶地问佛陀为什么不受“清净水”。佛陀说道：“来受供的大众中，槃特比丘在不在座。”

耆域王子回答说：“槃特比丘，连扫帚两个字都念不来，比起牧羊人还不如，所以我没请他。”

“不！佛法是平等的，是无高无下，无差无别，你不请槃特，我也不受水。”

耆域王子知道违背佛陀的旨意是错的，因此急忙派大臣去请槃特尊者，佛陀看到槃特来的时候，要阿难尊者给槃特授钵，槃特高兴得赶快要站起来，可是佛陀叫他别站起来，坐着好了。因为槃特比阿难尊者还要早出家。佛陀和槃特的座位离得很远，食后，要将钵送回到佛陀的手中，确是不易，然槃特仗着佛陀的威神力，别人还没有注意，钵已送到佛陀的手中。这像是神通力，引起了大家的惊奇，尤其是耆域王子，急忙跑向前去，跪在槃特尊者的面前忏悔，随后又把他奉为上宾。槃特当初虽然愚笨，可是他有坚毅的恒心，经过六年的时间，专诵“扫帚”两个字，常受人家讥笑，但是他不灰心，把那些讥讽嘲笑当为替他消灾一般，后来他头脑慢慢地清醒；心慢慢地不再散乱，忽然他开悟了，并且获证了圣果。从此以后，智慧的心灵开了，他能够懂得微妙的道理，能够领会佛陀深奥的法语。过去看不起他的人，这时大家都很尊敬他，不再有人敢嘲笑他了。

槃特尊者有一次跟随佛陀，以及四百九十九位大弟子，到阿耨达龙王处受供，走到阿耨达池边，佛陀命令弟子们，各领一点池中的八功德水，饮过池水以后，大家都能知道过去世的情形。这时佛陀又命他们，在大众前演述自己过去世中的情形，槃特遵命说道："前生我是一个养猪的人，一天我赶了一群猪要到市场去卖，走到半途，一条河阻止我的前进，为了赶早市，我又不能停留，因此想办法用绳子系住众猪，但又恐怕它们狂叫，所以我又用棉布，将每只猪的嘴巴，紧紧地阻塞起来。这时，我手紧拉着绳子，慢慢地渡过江，人已经上岸了，可是猪口被无知的我用布阻塞着，而不能喘息，走到江中，一群活生生的猪都闷死了。死猪上市，很难出售，因此全部的本钱都丧失了，从此我的生活非常艰苦，常呆立在河边痴视，无奈想不出生路。可好这时来了一位高僧，他看我可怜，就劝我出家，教我修行，死后生于天界，天福享尽，又再生于人间，由于封住猪口，伤害很多生命的夙业，今生我受了蠢笨的果报，又因前世出家的因缘，今生我能遇见佛陀，证得罗汉果。"

在佛法中，愚笨是不要紧的，只要有善的因缘，终会得救的。

尼提的出家

过去，印度的社会，对于阶级的悬殊观念，非常重视。其中最下贱，最受人看不起的是首陀罗族，他们的生活非常苦，大多都是为人家的奴婢，受主人的虐待，其余的，不是整天在田里做工的农人，就是劳苦的工人。

在舍卫城中，有一个首陀罗族的人，名叫尼提，他专门替人家挑粪，做这种辛苦的工作，赚一点微薄的工钱维持生活。他的为人很诚实、勤俭、不夸言、不懈怠。有一次佛陀在定观中，知道尼提这个人，业障已消除了，该是离苦得度的时候，因此和阿难上街，来到一条巷口，可真巧，尼提挑着粪，从巷里走出来。看见佛陀的光临，又想起自身的下贱，他想要躲避起来，怕和大圣者佛陀见面。可是小巷路太窄，使他无法躲藏。正在心慌意乱的当儿，挑粪的桶子，竟破坏了，尼提淋得满身。这时候，他惭愧畏惧，低下头不敢见佛陀。佛陀走到他的身边时，就对尼提说道："尼提，你愿意出家吗？你喜不喜欢脱离痛苦？"

尼提满面愧色地说道："佛陀崇高尊贵，是金轮法王，随从的弟子，也都是贵族，我生来下贱，怎么能和他们相比？我哪有那么大的福报可以出家？"

佛陀告诉尼提说道："尼提！佛法最清妙，犹如净水一样，能够洗净一切肮脏，无论什么东西，经过净水的洗涤，马上焕然全新。尼提！佛法又如烈火，能够烧尽一切，无论大小，无论新的、旧的，一触到火，马上变成灰烬。

"尼提！佛法是最平等的，没有富贵和贫贱的分别，没有男女老幼的差异，只要愿意脱离痛苦，勤行修持，无论是谁都可以出家。"

佛陀的话，使尼提非常惊讶感动。就此，跟着佛陀到祇园精舍，剃度出家。后来他精勤修行，很快得证须陀洹果。听经闻法，静坐修禅，尼提渐渐开启智慧的大门，对于佛陀所说的奥妙法理，尼提能够了解，能够奉行，因此，又得到罗汉果。

尼提出家的时候，很多庸俗的人民，都生起烦恼，他们认为一个挑粪的尼提，怎么可以做大圣者佛陀的出家弟子？他出身卑贱，怎么可以受大众的供养？群众的议论，很快传到国王的耳里。波斯匿王听到这消息，心里起了疑惑，就乘上宝车，来到祇园精舍要请教佛陀。车到门前，国王下来，走向树荫下休息，这时看见旁边一块大石头上，坐着一位威仪端庄的比丘，在那儿缝补衣服，波斯匿王很高兴地走向前去说道："尊者！我想要求见佛陀，请麻烦通报一下，可以吗？"

坐在石头上的比丘答应以后，就从石头中，踊身进去，过一会儿又从石头中跃出来，并对大王说道："佛陀允许大王现在见面。"

波斯匿王看到这位比丘，从无门无缝的石头中，能进出自如，实为奇怪，因此见了佛陀，顶礼以后，就合掌问佛陀道："佛陀！刚才麻烦来通报的比丘，是何尊号？他的神通力真是罕见。"

"波斯匿王！你今天特地来此要问的问题，不是要问尼提的事吗？我化度你们认为最卑贱的人，现在，在我的教导下，他已证了罗汉果。大王！刚才你所遇到的比丘，就是尼提。"

佛陀说话时，把波斯匿王的我慢心扫除了。佛陀又说道："凡是生于世上的每一个人，无论贫富贵贱，都是他们自己的业力，如果对人能仁慈、谦虚、敬长护幼，那一定生为贵人。相反的，一个凶恶强暴，骄慢放荡的人，他的后果一定生为卑贱。"

波斯匿王听完佛陀的开示以后，很称赞佛陀的威德，佛陀的悲心，能够提拔痛苦的众生，令他们得到安乐。波斯匿王又问及尼提为何生于卑贱的原因，佛陀说道："过去，迦叶如来涅槃以后，在十万人的僧团中，有一个比丘，很骄傲恃势，自己的事情，还要叫同伴为他做。有一次，他身体有点不舒服，就懒得起床，因此呼叫同伴为他扫除房间，把别人当为使者，不尊敬别人，由于这段因缘，在五百生中，都生为替人除粪。今世能遇佛得度，也是当时出家学道的功德。"

佛陀讲完以后，波斯匿王以及大众，再也不敢随便轻慢人。

世间上嫌贫爱富的势利眼多得很，但富贵的人不会永久富贵；贫穷的人不会永久贫穷。有权有势的人，欺人压人，来生总是可悲的。

大迦叶的皈依

有一天，佛陀示现疾病，他静静地休养着。这病讯给频婆娑罗王知道以后，赶快叫御医耆婆前去为佛陀治疗。

佛陀病好以后，御医耆婆老想送一样礼物供养佛陀，他思来想去，不知要送什么礼物才合适。后来，他想到过去他替邻国的大王医病，那大王曾报酬他一件上等的衣服，那衣服是王者用的，唯有佛陀才配穿着，他把衣服呈献给佛陀说道："佛陀！我自从拜见佛陀以后，心中就一直挂念着一件事情。佛陀常说，在这个地上比较宝贵的就是我们的身体。可是我看到佛陀的弟子们，常穿着褴褛的衣服，这站在我们医者的立场，无论如何解释都不合卫生。这件衣服是邻国大王的赏赐，我希望佛陀接受我转赠的供养，给我种一点福田。我更盼望着请佛陀叫比丘们，从此不要穿褴褛的衣服。"

没有执着的佛陀，很喜欢耆婆的厚意，他着人传话给诸比丘弟子说："穿的衣服，无论新旧，一定要朴素清洁，要经过日光消毒。如果心为绮丽美观的服装所染，固非所宜，若一定要穿褴褛的服装以示学道，也是不当。"

佛陀的话传出去之后，王舍城中的人民，都争着做很多衣服赠送给比丘大众。

供养佛陀及弟子们的人多了，这风声传进一位大富豪的耳中。这位富豪住在离王舍城不远的摩诃沙罗陀村，名叫大迦叶，聪明博学，富甲天下，是婆罗门中最杰出的人物。佛陀在竹林精舍说法时，他每次都前往听讲。终于渐渐地打动他的心，他也想跟佛陀出家。

有一天，他在归途中，走近王舍城的多子塔边，在那株大树枝叶交错的地方，他奇怪佛陀也在那儿静坐，他看了看佛陀的肃静和威严，终于觉得不去礼拜不成。他在佛陀的座前合掌顶礼以后，非常恳切感动地说道：“佛陀，我的大师，请接受大迦叶的皈依，从此大迦叶是佛陀的弟子！”

佛陀知道大迦叶的信念，说道：“大迦叶！你是我的弟子，我也是你的老师。在这个世间上如果没有证得正觉的人，受不起你做弟子！你跟我来吧！”

佛陀静静地立起来，往竹林精舍的方向走去，大迦叶跟在佛陀的身后，他恭敬的眼泪潸潸而下。

佛陀回过头来看看大迦叶，然后说道：“今天，我早就知道是你得度的日期，很好，未来佛法的流传，用得着你的地方非常之多。”

佛陀度化大迦叶以后，王舍城的佛法，已经打好基础，灵鹫山的精舍也成于此时，国王学者，纷纷皈依而来，佛陀的教化，更是普遍各方了。

母婿乱伦

一夫一妻的制度，是顺理合法的，如果是一夫多妻，或是一妻多夫，那就会演出悲剧的后果。

从前在德叉尸罗城，有一位长者，家里有一个女儿，叫作莲华色，长得非常美貌。娇媚的眼珠，轻盈的体态，人人看了人人都爱。因此在她十六岁的时候，父母就替她招赘夫婿，结婚以后，夫妇感情很好，生活过得也很安乐。但不幸的是没多久，长者就去世了，失去父亲的寡母，守不住寂寞，竟和女儿莲华色的丈夫私通，事后莲华色知道了，真是肝肠寸断！她恨母亲的无耻，又气丈夫的不忠。想把他撵出去，可是家丑不可外扬，而且这时莲华色已和丈夫生养了一个女儿，最后在一气之下，她即抛下母亲、丈夫、女儿，独自脱离家庭，到处流浪。为了解决饥渴交迫的痛苦，莲华色又改嫁一个丈夫，以她的美丽，和她再婚夫的财富，结婚后的日子，也过得相安无事。

时间过得真快，不觉又是十多年。有一次，莲华色改嫁的丈夫要出外经商，当他从德叉尸罗城回来的时候，却瞒着妻子，以数百两黄金购买一个小妾。他起初守着秘密，不让莲华色知道，把那个小妾藏在朋友家中。可是无论什么事，只能骗人一时，无法骗人一世，后来她知道了，就哭着闹着要看看那个姑娘，究竟长得怎么样，为什么要夺去人家的丈夫的爱情！

事情不说倒无所谓，越闹是越糟的，原来后买的这个小妾，却是莲华色和前夫所生的女儿。因为从小别离已久，相见了各不认识，后来是莲华色看出她的相貌，又问及她的家乡、父母，才知道是自己的女儿。

莲华色知道是女儿时，差一点闷绝倒地，以前和母亲共一夫，现在又与女儿同一夫，这种颠倒乱伦的事情，怎不令莲华色痛心，因此她又离家出走了。

受过重大打击的莲华色，从此厌恶世间，厌恶人类，并且为了生活，她做了卖笑的妓女。只要有钱，有享受，她什么都做得出，以玩弄世间、玩弄人类的态度，来打发罪恶的生活。

有一次，莲华色受外道的主使，竟以美色要去诱惑尊者目犍连，可是目犍连是一位已证道的大罗汉，并且又有神通力，对于莲华色的企图，早即能看透，所以在她走过来的时候，尊者就说道："可怜的女人！你的身体已经污秽不堪，现在得了一点金钱，又昧着良心，听信外道的指使，想在我面前做非法的企图。"

莲华色一听大惊，嗫嚅着说道："尊者！你……你怎么说这样的话？"

目犍连像不动的高山，庄严地教训道："你不要隐藏你的罪恶，你的来意是什么，我一见到你就知道。你迷于虚妄美色，美色又助长你造罪的机会，好比老象沉溺于污泥，越陷越深！”

“尊者！你既然知道我的来意，我也晓得瞒不过你。我早听说你是佛陀弟子中，神通第一的弟子，但我不相信你的神通不会给美色打败。现在，我已知道我是一个罪业深重的人，我也想向善，可是世间上的一切，叫人太灰心。我想我是一个不能得到救济的人，我有恐怖的过去，将来一定也会给可怕的因果所缠。”女人的感情终是脆弱的，她说到最后几句，眼泪都流下来。

目犍连尊者安慰她道：“你不要难过，更不要灰心失望，不管过去的罪业如何深重，只要肯忏悔前愆，是没有不可救的。衣服肮脏的时候，可以用水洗，心里不清净时，可以用佛陀的法水来洗。我的老师救世主大圣佛陀的教示，能够洗净污秽的人心，能够忏除往昔的罪业。”

目犍连的话，听得莲华色非常欢喜，这时她的眼中充满了希望的光彩。又对目犍连说道：“尊者！佛陀的教示，真是这么伟大吗？我的过去实在是太罪恶了，我的遭遇都是不幸的，像我这么一个卑贱的人，佛陀是不是肯伸出援救之手？”

“佛陀的教法是最平等的，没有阶级的观念，没有贫富的分别，只要心地善良，肯精进修持，佛陀都会欢迎的。”目犍连告诉莲华色。

就此，莲华色跟着尊者到佛陀那儿，请求出家。后来她发奋用功修行，也证得罗汉果，并且成为佛陀的比丘尼弟子当中，神通第一的人物。

罗汉受谤

佛陀的弟子中，有一位叫作实力子的信徒，由于在过去世中供养三宝，尊敬出家僧伽，所以能生于富贵家中，生活安乐自在，后来又能有善缘遇到佛陀，出家学佛，并且证得罗汉。本来成为罗汉的比丘，是人人所尊敬。可是实力子，他虽然是罗汉，而常受人的恶言和谤毁，这是什么原因？就是在过去中有这么一段因缘。

在一个村中，有一家富户，家里只有一对夫妻，感情很好，可是结婚很久了，却还没有孩子，为了传宗接代，夫妇俩都很忧虑。后来在邻村有一富家，家里有一位小姐，二八年华，还未出嫁，经媒人的介绍，就嫁给这个富豪为妾。起初大家的感情都不错，妻妾相处平安无事。

过了没多久，真奇怪，那个大太太竟有了孕，怀胎十月，生下了一个男孩，长得五官端正、俊秀。因此家里的每个人，都非常爱他，这个孩子，从小就聪明超群，对事理通达明了，从不说谎，所以大家都称他为“实语”。

实语，在父母的爱抚之下，很快长大了，母亲也在春花秋月的年岁中逐渐衰老。女人的青春美貌，是赢得男人爱情的本钱，因此丈夫就和二太太比较好，这使大太太非常嫉妒，她想要赶走二太太，所以她对儿子说："实语！我想要捏造你异母的罪恶，把她赶走，你要为我作证。"

"母亲！你要我作证的事，是真有此事，还是假的？"

母亲为难地停了一下，才说道："实语！你是母亲生的，母亲疼你，你应该听妈妈的话，不管是真是假，如果你爸爸问你，你只管点头好了。"

实语是个孝顺的孩子，当然不敢违抗母亲的意思。而他的母亲，因为妒火烧掉她的天良本性，竟出妄言，对丈夫说："太太有不正当的行为，你也年老了，她那么年轻，难怪她和外面的男人私通！不过，这对我们的家风名誉太不好。"

富翁听了这话，怀疑不信，因为他了解二太太的为人，冰清玉洁，决不会做出这种事来。可是大太太却又说："如果你不相信，可以去问我们的儿子实语，他不会说谎话。"

富翁知道，儿子的话是最可靠的，因此叫实语到跟前，问道："实语！你知道异母有没有不好的行为？你老实说不要紧。"

实语正要开口的时候，大太太急忙伸出手，掩住儿子的嘴巴说道："你不能用口说，她算来也是你的母亲，做儿子的，怎么可以讲母亲的罪状？假若实有此事，你点头好了。"

受母亲的指使，实语糊涂地点了头，就此造下重大的罪业。

富翁听儿子证实以后，也不再仔细地调查，就把二太太赶回娘家。二太太回到家中，向父母哭诉，父母知道女儿是被冤枉的，因此给她安慰一番，就住于娘家。

有一天，家里来了一位已证果的出家人，在供养的时候，那个被逐回家的女人，气愤地说道："今生我被毁谤，来生我一定要报复，就是他出家学道，证得罗汉，我也要毁谤他。"

当时，只为帮着母亲做了一次假证，点了一个头的"实语"，就是后来出生在富翁家中的实力子。由于这段因果，虽然成了罗汉的他，还是遭人家的毁谤。

恶口和做假证的人，应以此为戒。

观机说法

说法第一的富楼那，真是一位伟大的布教家，佛陀对众生施教的方法，他都能善于运用。

“方便说法”，“应病与药”，“观机逗教”，“事现圆融”，可以说，富楼那已得到佛陀说法布教的三昧了。

富楼那知道，所谓说法布教，完全是为了众生而非为了自己，说法是说给众生听的，不是说给自己听的。高深玄妙的道理，只有少数上根的人能把它藏在心中；大众之前，富楼那总是说人人都能接受的道理。

见一种人，说一种法，这是富楼那的特长。他见到医生的时候，就会对医生说道：“你们医生可以替人医治身体上的病痛，但心里贪嗔痴的大病你们有办法医治吗？”

“尊者！医生只能医头痛、肚痛、脚痛，心里的大病没有办法，你有办法吗？”

“有！”富楼那肯定地答道，“大圣佛陀的教法，如同甘露法水，可洗清众生心垢，戒定慧三学，如万灵丹，可以医好贪嗔痴的心病。”

见到医生这么说，见到官吏的时候，富楼那又会这样问：“你们做官吏的人，可以治犯罪的人，但你们有办法治人不犯罪吗?”

“虽然有国法，但国法也不能治人不犯罪。”官吏们会这样回答。

“除国法以外，你们和一切人民，应该奉行佛法。五戒十善的道理，因果轮回的法则，大家信受奉行，就可以不犯罪。”

富楼那因为有这样善巧的说法，无论是医生，还是官吏，没有不因此而皈依三宝，信仰佛教的。

有一次，富楼那经过一个村庄，他对田里工作的农夫说：“你们耕水田，种粮食可以资养色身，我来教你们耕福田，资养你们慧命的方法好吗?”

“耕福田、养慧命用什么方法呢?”众农人问。

“信仰佛教，奉事三宝，对于沙门要恭敬，对于病人要看护，慈善公益的事业要热心，堂上双亲要孝顺，对于乡邻要隐恶扬善，不要乱杀生灵，这都是耕种福田最好的方法。”

众农人合掌问讯，大家都愿意接受富楼那的指教。

富楼那没有固定的住处，布教也没有固定的方法，有时在露天公开演说，有时到家庭中个别访问，有时候唱歌赞美佛陀，有时显神通启发人的信仰，就因为如此，佛陀教法很容易被众生接受。

大慧女转男身

有一天在天上坐禅的普花幢天子，忽而想起一个问题，就带着香花来到佛陀的面前，供养佛陀已毕，便请示道：“人天的导师、三界救主的佛陀，弟子今有疑问，愿佛陀开示！”

这时，佛陀面如满月，身放光明，慈颜爱语地回答道：“普花幢天子，你有什么问题，请尽管问我，我当为你解说。”

普花幢天子闻言，忙道：“佛陀！听说文殊师利菩萨，过去是女身，究竟发了什么大心，行了什么大愿，后来才能转女成男，请佛陀详为开示！”

佛陀答道：“普花幢天子，你所问的问题很好，我很喜欢为你和大家解说。

“在恒河沙劫以前，有一个世界，名叫金焰光明世界，那时的教主，名叫无垢日焰光明如来，常常为众生宣说三乘胜法，当时众生的寿命，都在千万岁以上。

“在无垢日焰光明如来的弟子中，有一国王，名叫最胜辩才，英勇贤明，深信佛法，以如来教法统理天下，因此，国泰民安，夜不闭户，路不拾遗。

“国王的太子，也皈依如来，尽形寿、精进修持，后来证悟无生法忍，而能解脱生死的烦恼。

“但是，国王的女儿，名叫大慧，她虽有无碍的辩才，但她有一次，跪到如来面前，哀求道：‘祈求如来慈悲，愿你给我开示一个殊胜的法门，那就是怎样才能转女为男身之相，而速证菩提圣果呢？’

“这时，无垢日焰光明如来，就告诉大慧说：‘大慧！你的善根深厚，根器锐利，我现在告诉你一个法门，就是你能深发无上菩提心，而圆满十善的功行，你就能转女成男！’

“大慧听了如来的开示后，即刻变成男子，并顶礼如来说道：‘如来！我现在已经转女身为男身了，我希望出家学道。’

“如来闻言，异常欢喜，随即喊道：‘善来比丘！我今为你证明出家。’话刚说完，他的头发自然落下，身上自然披上袈裟，成为一位庄严的比丘相。

“后来，成就圣果，度脱无量众生，成为现在的文殊师利菩萨。因为他过去即有大慧的因缘，如今文殊师利菩萨才有大智的特征。”

佛陀开示后，普花幢天子欢喜信受，顶礼感戴，欣然归去。

娄沙迦的贫困

在印度拘萨罗国的一个渔村里，有一个名叫娄沙迦的小孩子。他在多生以前，便已出家学道，因贪着利养，嫉妒和欺诈过一位阿罗汉比丘，而堕于无穷的苦渊中，如今投胎在这渔村，却给这渔村带来灾难。

约有一千人所合居的渔村，是一个家族系统，自娄沙迦母亲受胎的那天起，一千个同族人拿网出去捕鱼，每日一无所得。因此，同族们一日穷似一日，尤其他住胎的十个月中，接二连三发生事故，七次火灾，七次王刑，这个渔村的不幸遭遇，悲惨极了。

蒙受厄运的渔夫们，大家商量道："奇怪的灾难，意外的厄运，我们族中必定有个不幸者，且把全家族分成两组吧！"

于是，他们便分成两组，每组各五百人。

分开以后，娄沙迦父母所属的一组仍甚悲惨，而其他一组则恢复繁荣了。于是，衰弱的一组再分为两组，如是数度分居，结果娄沙迦父母的一家便到了孤立的地步。大家知道不幸者就在他家里时，就把他们驱逐了。

他的母亲度日艰难，在逃亡沦落中生产了他。最初几年间，她仍然负起母亲的责任，想尽办法养育他，到他能走能跑的时候，才交给他一个碗说道：“苦命的孩子，向人家乞食去吧！”

说后，母亲逃跑了。从此以后，娄沙迦成为一个无依无靠的孤儿。每天沿门乞食，无一定居处，衣服褴褛污秽，犹如饿鬼。

有一天，佛陀的大弟子舍利弗尊者，正在巡化托钵的时候，忽然看见一个七八岁模样的孩子，蹲在一家富户门口的洗食器的水槽边，像孤零的雏鸟似的，东呀西呀地啄食着一粒粒的残饭。干瘦的小身上，披着破烂不堪的衣服，舍利弗觉得十分可怜，走近去说道：“孩子！你住在哪儿？你没有父母吗？”

“我是无家可归的孤儿，以前，我的父母对我说了一句：‘爷娘被你累死了！’便把我抛弃，他们也自己走开了。恐怕今生今世再也不见我了。”

舍利弗说道：“你不想出家吗？”

“尊者！我想出家学道更好，但像我这样不幸的人，谁肯给我出家呢？”

“我给你出家吧！”

孩子快活极了，跟着舍利弗回去后，舍利弗先给他吃饱，然后亲手替他沐浴。教授他佛法，给他受具足戒。

春风秋雨，花儿开花儿谢，娄沙迦在舍利弗的庇护下，日子一年一年地过去。

但是，可怜的娄沙迦，业感注定他这最后的这一身，必须受着长期的穷困，忍饥挨饿的果报。

虽然，他已出家做比丘，但在他的钵里，只要注入一瓢匙的粥去，就会涨满起来，施者见钵已满，便不再加给了。有些施者常这样说："奇怪！施粥到他的面前时，粥桶中的粥忽然就会空了。因此无法给他了。"

证得阿罗汉果的娄沙迦，能少欲知足，食不望饱，但求能维持生命而已。

当他年寿将尽，快入涅槃的时候，舍利弗在定中得知，便想道："我今天应该给他吃饱一顿才好！"

于是，舍利弗带着娄沙迦，入舍卫城中托钵，然而人们仍然不表示敬意，舍利弗怜悯道："娄沙迦，你先回去吧！"

于是，舍利弗马上得到食物，立刻叫人送去给娄沙迦，哪知那人竟在路上自己吃了。舍利弗回来问道："吃过东西了吗？"

"尊者！谢谢你，我们以后再吃吧！"

舍利弗闻言，感到不安，看看日头，已过了食时，便自己走到拘萨罗国的王宫去，化了一钵四甘食回来，但娄沙迦只是对尊者致敬，怕羞不吃，舍利弗劝道："娄沙迦呀！我执钵在这里，你坐着吃吧！如果这钵离了我的手，里面的东西就会没有哩！"

于是，娄沙迦就在尊者手执的钵里吃了四甘食。仗着舍利弗的神通力，食物未曾消失，娄沙迦才得一饱。

当天晚上，娄沙迦果然毫无贪恋地离开了使他受苦一生的世间，业报受尽，而永远居住在圣者安乐地中。

舍利弗尊者，望望他已摒弃了苦恼的身躯，心中像落了一块石头，再没有什么不安了。

万法唯心

从前，在印度的某个地方，有一个男人，因一时的气愤烦恼，便舍家遁入佛门，皈依佛教。

但是，他的身体虽出家，心中仍然恋着外境，为爱欲所束缚着。常用香油摩擦身体，用汤水洗浴，一切都讲究身体的香滑，饮食卧具也很注意，一颗心全给物质蒙蔽，像葛藤缠缚着身体，一刻不能自在。虽然，名义上已经受戒，而行为却如同凡人俗子，对涅槃圣道还离得很远呢！

当时，在摩偷罗国的地方，有一位优波笈多尊者，是一位梵行高远、大名远播的比丘。这位新戒比丘，非常敬慕而去参访。尊者问他道："你远道而来做什么？"

"尊者！我为求法而来的，愿你慈悲开示佛法要旨，我很乐意听闻！"

尊者观察了他的根机以后，知道他身受爱缚，不得解脱，问他道："你能不能听我的话，受我的教诲？"

"我能够，一切都能依照吩咐去做。"

"你如果生起了信心，我就先教你演个神通，然后为你说法。"

"先学神通，好极了！"

于是，尊者带他入山，教他学习禅定，并吩咐他要绝对服从。尊者运用神通力，化一大树说道：“你应当爬上这大树去。”

于是，那比丘依照尊者吩咐爬到树上，但往下一望，又见一大坑，深广无比。此时尊者又说道：“放开你的两只脚！”

比丘只有依言放开两脚，尊者再令他放一手，也遵照放一手，但叫他再放一手时，他害怕地答道：“要是再放手，便要堕坑而死了！”

“你已经和我约过，一切遵照我的教示，怎么又不肯呢？”

他没办法，只好把心一横，什么也不去想，放下最后一只手，而堕入大坑中，又深又暗，这时，他吓得魂飞魄散，浑身颤抖冒汗，睁眼一看，树和坑都不见了。

于是尊者开始为他说法：“我现在问你，当你放手下坠的时候，你还觉得世间有什么可爱的么？”

“尊者！到了生死关头，一切都放下；再没有什么可爱的了！”

“是的，世间上的一切，都虚伪无主，当色身幻灭的时候，爱也随之幻灭，如果你能看破无常的色身，那缠缚的爱执，也就随之解脱了。爱是生死烦恼的根源，谨慎戒之，精进修行，勿失本心，当成正道。”

新戒比丘，言下大悟，从此细心思维，勤修精进，证得阿罗汉果。

摩诃卢得道

在印度的摩罗国，离都城约有六七里的地方，有一所精舍，平常住在里边的出家人，一共有五百位，他们都是受过具足戒的比丘，其中有一个年纪较长，名字叫作摩诃卢，他生来就是一个愚笨的人，无论谁教他，都没有办法，他连一句偈都记不起来。所以在五百位比丘中，大家都看不起他，轻视他，没有人喜欢和他在一块儿，因此在平常的生活中，他都是独自一人。

有一天，国王派遣使臣到精舍来，要请比丘们去供养，愚笨的摩诃卢，惭愧自己的痴笨，不敢参加国王供僧的法会，等到大家都进城入宫以后，他想到自己愚痴的可耻，他就悄悄地一个人，拿根绳子，走进花园来，在一棵大树下，摩诃卢想要自缢。正在这时候，庄严相好的佛陀，已现于他的眼前，佛陀严肃地呵斥他道："摩诃卢！你怎么也学这傻人的事情，你不加紧用功精进，还要做出愚痴的事来。"佛陀停了一下，又说道："本来你在往昔是一个学问渊博的修道者，因当时不肯施教于人，生起我慢心，轻视一切人，所以才生生世世受愚痴闇钝的报应，这你怪不得别人，自己做错的事情，自己应该深深地忏悔，死并不能了结罪业。"

摩诃卢被佛陀这么讲过以后，心里非常惭愧，他跪在佛陀面前请佛陀允许他忏悔。慈悲的佛陀，不计人家的过失，只要知错而改过，佛陀都一样认为他是好人。这时，佛陀不厌其烦地给摩诃卢开示说法，也许是因缘成熟了，佛陀说法以后，摩诃卢就觉悟证果，愚闇的心灵，顿时开朗，他能够了解佛陀所讲的微妙法语，能够看透世间的一切，这时佛陀知道他的悟道，就命他赶快去参加国王的供养，并且为大众说法。当他要走的时候，佛陀又说道："摩诃卢！过去你当长老的时候，收有五百个弟子，这五百个人，正是于王宫接受国王的供养的五百比丘，你现在赶快去，他们正在等着你的指导。"

拜别佛陀，摩诃卢来到王宫，这时宴席刚要开始，摩诃卢就不客气地坐到上座的位置，这种庄严的场面，大家看到摩诃卢的态度，觉得奇怪，以为他是发疯了，可是在国王和大臣面前，大家也不好讲什么。宴会开始时，大家都吃得非常高兴，等到大家都吃饱的时候，摩诃卢站起身来，向在座的大家大作狮子吼，道出玄妙的法语，在众目注视下，摩诃卢一点畏惧之色没有，此时，在座的听众，有国王、大臣，他们都深深地敬佩，尤其是那些比丘们，觉得惭愧，真是有眼不识泰山，一位证得大罗汉果的人，过去竟那么轻视他，大家都懊悔不已。

老人出家

印度王舍城的地方，有一名尸利苾提的百岁老人，他听说出家功德无量无边，便自己思维道：“我年纪这么老了，已经是接近死亡的边缘，如果不早点出家，恐怕永远不能得度了。”

于是他就整理行装，沐浴香汤，带着无限恭敬的心，来到竹林精舍。恰巧，见有一位比丘在精舍门口守门，他就很客气地问道：“沙门！请问你，释迦牟尼佛在不在精舍里？”

“啊！佛陀刚出去了，不知道什么时候回来！”

尸利苾提老人，失望地沉默了一会儿，忽而又问道：“佛陀既然不在，那么他的上座弟子是哪一位呀？”

“是舍利弗尊者！”

“带我去见他怎样？”

“好的。”

老人来到舍利弗的面前，诚恳地说道：“尊者！你是佛陀的大弟子，同样具有大智慧大慈悲，我现在欲随你出家，依你为师，不知尊者肯收我为弟子吗？”

舍利弗默然摇摇头说：“你已经太老了，年老力衰，什么事都不会做，如坐禅、读经、托钵，都不能操作，尚且还要有人服侍你，佛教是活泼泼的，救人救世的工作，须要年轻力壮的人担当弘扬，而佛教不是养老的地方，所以我希望你在家修学也是一样。”

舍利弗这样拒绝后，老人无话可答，不得已又向大迦叶求其出家。大迦叶也见他年老力衰而拒绝他。无奈何又向优波离、阿那律、五百大阿罗汉等，求其出家，但都因年老而被拒绝了。

看看夕阳带着无限眷恋世间的神情，慢慢走向沉没的后山，老人感触着更加伤心。他停立在门外，对着庄严清净的精舍依依不舍，忽而放声大哭，那号哭悲恸的神情，似乎把心中的苦闷委屈，都放散出来，几乎能惊天地泣鬼神了。

这时候，佛陀在他不知不觉间，站在他的面前，大放光明，显出种种相好庄严，老人如梦中惊醒，手忙脚乱地匐匍叩拜着。

佛陀以慈音问道：“老人！你为什么在这里哭得这样伤心？”

“佛陀呀！我到底犯了什么大罪，舍利弗他们都说我年老不能出家，所以我很伤心在这里哭！”

佛陀慈和地安慰道：“你不要忧愁苦恼了，我看老年人和青年人都是一样的，虽然老年人不能弘法利生，荷担如来家业，但能安分守己，勤修戒行也是很好，我就让你出家吧！”

老人就跟随佛陀进入精舍，出家后，老人的精神焕发万倍，精进修学。不久，也证了阿罗汉果。

白头翁的证果

在舍卫国的地方，有一个贫穷老翁，将近二百岁了。听说佛陀能知现在过去未来的种种事，具足三十二相八十种好，因而想看佛陀，便扶杖慢慢从遥远的地方，而来求见佛陀。

当他走到精舍门前的时候，适巧是佛陀的弟子释梵在守门，因见老翁形脏身秽而不让他进去，激得老翁勃然大怒，在门外大声叱喝道："我虽然贫贱，但是三生有幸能遇佛降生，想要问一问众生罪福的因缘关系，而求离诸苦恼，怎么不让我进去问呢？况且，我听说佛陀是仁慈普济，万物莫不蒙受慈恩的，所以我远道而来，不避风雨，不怕辛苦，只求一见佛陀也不能够吗？"

这时候，佛陀在里面听到了。就对阿难说："阿难！你去请老翁进来吧！"

老翁听到佛陀请他，转怒为喜，带着无限恭敬的心，匍匐爬进去，顶礼佛陀以后就说道："佛陀！我真是不幸的人，一生贫穷辛苦，饥饿寒冻，求生不能，求死不得，每天在生死边缘挣扎着，若非人命至重，我早已厌离此身了。不久以前，我听说佛陀在此，心中非常欢喜，日夜思念，希望能见佛陀一面，我死也瞑目了。刚才我在门外，久久不能进来，实在悲不自胜，想要转回去，又恐怕我衰老的力气担负不了来回的跋涉，正在我进退无路的时候，得蒙佛陀慈悲，令我进来，能见佛陀一面，我已心满意足了，希望此生能早些结束罪恶，而来生仗着佛陀垂恩得生善处。”

“可怜的老翁，你这一生实在太辛苦了，放心吧，以你对我这一点善心，来生必得善处。”

老翁感激地流着眼泪道：“佛陀！我因什么缘故，而这一生受这样贫穷孤苦的果报呢？请佛陀给我开示过去的因缘吧！”

佛陀慈悲地说道：“老翁！你的过去生是一个富豪，聪明有智慧，因而恣意地轻凌他人，聚积的财物，又不肯喜舍布施，爱财如命，没有做一点善事，你的福德因缘不够，所以此身才受此贫穷的果报。”

老翁听佛陀把过去生的因缘说后，向佛陀乞求道：“佛陀！请怜悯我的风烛残年，让我做个沙门好吗？这样我死了，也觉得不辜负此身哩！”

佛陀微露笑容说道：“好的，我今为你剃度吧！”

说着，老翁的须发自然落地，身上自然披上法衣，老翁的心愿达到了，遂证得阿罗汉果。

佛陀不会辜负苦心人的，有了真切的愿心，迟早终会满愿的，可怜的老翁，有了愿心，一切事就能成就。

佛法如大海，什么人都能包容。

莲华比丘尼

两千五百年前，印度拘萨城，有一群不务正业的恶少年，整日在外流荡，戏弄妇女，专干那些下流无耻的勾当，吓得女人们都不敢出门。虽然地方上的人，一再申请官役逮捕他们，但每次都让他们得到消息逃匿得无踪无影。

当时，邻国有一群比丘尼，个个生得端丽庄严，其中有一领导者，名叫莲华，功行超人，尤其在神通方面有特别的成就，很受众人的敬仰和爱戴。

一个炎热的夏天，她们到处弘法，路过拘萨城，大家已经走得很累，找到路旁的森林去休息，森林的旁边有一道清净的流水，因为满身的汗水，她们禁不住想洗澡，就把衣服脱下了挂到树干上，下水去洗。哪知被那群恶少年窥见了，乘她们不备，把树干上的衣服掠去，又生起恶念来，要戏弄她们。

莲华随时运用神力，准备好好地教训他们。她用手指把自己的两颗眼球挖出来，掷到恶少年的面前，说道："你们错了，喜欢面容姣好的女人，已经没有眼睛了，还喜爱她吗？"

又把胸部、肚子抓开，取出肺腑、大小肠，鲜血淋淋滴满了地上，又把手脚折成好几段问道："哪一个地方漂亮啊？"

这一场恐怖的情景，吓得恶少年，个个浑身颤抖，毛发竖立，莲华又教诫道：“人的身体，都由这些不干净、吓人的东西所凑成的，实在没有一处值得令人贪爱的，世界上的人物都是虚幻不实的，眼看她美丽可爱，可是经不起时间的考验，她会老得变成猿猴一般的难看，她会死，死了变成脓血腐肉令人害怕，美貌毕竟是虚假、骗人的呀！”

“请你原谅我们，我们都太愚痴了，请你救度我们！”一群恶少年不约而同地跪下来，把掠去的衣服交还出来，不住叩头。

莲华把他们带到佛陀面前来，他们稽首在佛陀的座下，佛陀的慈光威德庇照着他们，每一个人都深切地悔悟了。

“佛陀！我们像一个瞎眼的人，造恶都不知不觉，累积许多的罪业，将来的祸殃一定很多，请您救救我们吧！”

“谁能没有过错，只要改过向善，定能得救的。”佛陀慈和地安慰他们。

他们皈依佛陀，奉行五戒十善，从此做一个虔诚的在家弟子，拘萨城的妇女再不必畏惧出门，他们也因庆幸自己的得度而高歌：“得离苦，得离苦，谁使我们得离苦？大圣佛陀的恩赐，莲华尼师所引度。”

神通不敌业力

在佛陀的十六位功行高超的弟子中，舍利弗尊者和目犍连尊者是很杰出的人物，尤其是舍利弗的智慧和目犍连的神通，人人均认没有一个弟子能和他们比拟，连佛陀也常常称赞他俩在这方面殊越的成就。

他俩是老朋友，常常相偕往来于天、人、地狱、畜生等道中，运用神通、智慧来解救苦难的人们，教化愚痴的众生。

有一次，他俩来到无间地狱，狱中的热度很高，像只烘炉，热焰腾腾，不断从油锅里蒸散出来，弥漫了整个地狱。受刑的人在哀叫、号哭，舍利弗和目犍连向他们冲淋清凉的法雨，他们的苦痛才得到片刻的休歇。

这时，他俩看到一个可怕的罪人，粗大的身体，长着一瓣又大又长的舌头，上面有五百铁犁，像在一大片荒凉的田地上，用舌上的铁犁在垦土，鲜血从舌肉上一滴滴地落下来，这个罪人一看舍利弗和目犍连，如获至宝地赶过来哀求道："两位尊者，我叫哺利拏，生前做邪教的传教士，专说邪法，诽谤三宝，致使遭受这样的苦报，二位假如到南赡部洲去，请告诉我的门徒，再不要把我供在木塔里朝拜，那益发加重我的苦报，同时叫他们不要再诽谤三宝，以邪法欺骗众生，免得步我的后尘，堕落此地。”

两位尊者出了无间地狱回到王舍城，路上逢到一群外道，各执手杖、木棒等武器，专门拦截过路的出家人，加以欺侮、殴打。舍利弗走在前面，看他们挥打过来时，就用温和的语气劝阻他们。外道们居然停手，但以凶狠的眼光放舍利弗过去，可是当目犍连走过来时，他们又挥起武器来。

“等一下，”目犍连举手阻止道，“我俩刚从无间地狱来，你们的师父哺利拏在那儿受着极大的苦报，用舌上的铁犁垦地，鲜血横流，苦不堪言，要我转告你们，赶快停止诽谤三宝，不可再宣讲邪法，希望不再有人踏他的步履，同时不要再朝拜木塔，让他的痛苦减少一点。”目犍连一片好心为他们传话，也以为由此可以使他们悔过，消除彼此间的仇视，万不料话才说完，一群外道却暴跳起来，如狼似虎围攻过来。

“打！诽谤我们的师父，打！打这个沙门。”

手杖、木棒，像雨点般击落在目犍连的身上，目犍连被打得遍身伤痛。

目犍连，神通第一的目犍连有不可思议的神力，他用脚指捺在天帝释的宫殿，可以使它摇动，甚至崩溃，为什么他的神通不使出来对付外道的围攻呢？就是要制胜几千个外道，不也如反掌般容易吗？

目犍连尊者以神通力，支撑着受伤的身体入城去乞食，回到精舍吃过饭，把衣钵整理好，就来到佛陀的面前，围绕礼拜说道：“我的罪债至今全部偿清了，舍利弗尊者不久要进入涅槃，多劫来，我俩就是人生道上最要好的伴侣，我应该追随他去，佛陀！请您慈悲原谅弟子。”

目犍连以最虔诚的恭敬心，右绕佛陀三匝，然后回到家乡向亲戚朋友辞别，并度化和他有缘的人们，然后到耆阇梨山殉教，进入涅槃。

在僧团里，佛陀为众弟子说着一个故事“打一放一”，是目犍连和舍利弗过去的事迹。

过去有两个修道者，行脚经过一个村庄，一群无知的顽童看他们远远而来，动了心，就计议着如何为难他们。

“什么时候气候将寒冷？”顽童们横挡在路中，对走过来的两个修道者发问。

“不论春夏秋冬，凡是有风有雨的日子就有寒意。”修道者笑道。

众顽童才让出了路，可是很快又横堵起来，阻止后面的修道者前进。

“什么时候天气会冷？”顽童向后来的修道者发问。

“冬天是寒冷的季节，日月星宿的旋转所使然，春夏秋冬，到了冬天就寒冷，是自然界的定规，任何人都知道，愚痴的人才不懂。”

众顽童听后，拾起地上的石头，一齐向修道者抛打过来。

“前面的修道者是舍利弗，后面的修道者就是目犍连。正如这一次的事故。”说到这里，佛陀知道许多人因为目犍连的遭遇，对神通生起疑心，所以继续说道：“你们不必怀疑，神通的妙用并不虚假，它可以上天入地，变化莫测，可以使人无所障碍，自由自在，它有不可思议的力量。目犍连的神通并没有失去，只是遇到业力现前，目犍连知道业债必须偿清。因果的法则，就是佛陀也不能违背，谁都要低头承受业报的降临。顺应因果，才合乎诸法的理性，所以大家要欢欢喜喜地接受业报，不要逃避，也不要怨恨，所以大家要明白业力的可怕，精进修学，谨慎个人的行为，为我们的身、口、意，砌起一道防堵的围墙。目犍连是真正地明白了我的教法，他擅长神通，但不自私地用它来袒护自己的过失，目犍连的遭遇，像一面明镜，是我们最好的龟鉴。”

音乐家的悟道

佛陀的比丘弟子中有一位名叫闻二百亿的比丘。亦名二十亿耳，他本是一个有名的音乐家，出生在富豪的人家为子。父母爱如珍宝，他父母对他幼年的抚育，都不肯让他踏足在有土的地上，所以闻二百亿足下生长很多黑毛。有一天他听闻佛陀说法，很受感动，发愿披剃出家，过日中一食，树下一宿的头陀生活。他的双亲非常反对，但阻止不了闻二百亿对修行的热心。

因此，娇生惯养的闻二百亿，在刻苦的修行之下，身体渐渐地衰弱了，但他仍不开悟。他后来感到自己也难以支持，心中非常烦恼，因此就想还俗做佛陀的护法，以布施来求开悟。

佛陀知道闻二百亿的心，为了安慰他，鼓励他，佛陀就走到他修行的地方来，对闻二百亿道："你出家用音乐来帮助我宣化，长养你和大家的信心，这是很好。但你现在又喜欢独自勇猛的修行，除坐禅以外，别的事都引不起你的注意。我想问你，你弹琴，假若弦子太紧的时候怎样呢？"

"佛陀！琴弦太紧是会断的。"闻二百亿回答。

"太松呢？"

"没有声音。"

"修行也是和弹琴一样,"佛陀慈悲譬喻道,"不要太紧,也不能太松。太紧太松都容易出毛病。把心放得平和些,凡事都有限度。"

闻二百亿遵奉佛陀的指示修行,心就安静下来,不久就开悟证得阿罗汉果。

善生拜六方

佛陀有一次从憍萨弥罗国顺着恒河的流水，进入摩揭陀国的罗阅祇城内。这时城内有一位富家公子，早上起来就到郊外的园中，先湿了衣服，然后湿了头发，恭敬叉手，先向东方礼拜，然后再向南西北方，以及上方下方顶礼。

佛陀有一天在托钵行化的途中，无意中见到这礼拜六方的男子，佛陀慈悲关切地向前问道："善男子！你叫什么名字？你为什么早晨出城，披发湿衣，向东西南北上下诸方礼拜呢？"

那个男子望望佛陀，惊奇地说道："啊！佛陀！我早知道您，可惜我无缘听闻佛陀的教法。我的名字叫浸迦罗迦，又名善生。刚才佛陀问我，为什么要向东南西北上下诸方礼拜，因为这是我父亲去世的遗言，为着孝顺尊敬我的父亲，所以我每日必须礼拜六方。"

佛陀慈悯、庄严地向善生道："善生！你所礼拜的六方，只有名称，在宇宙虚空之中，哪儿有东南西北的方向？在我的圣贤法中，也礼拜六方，但不是你所礼拜的六方。"

善生怀疑地问道："佛陀！怎么样才是礼拜圣贤的六方呢？请佛陀慈悲给我指教。"

佛陀就静静对善生说教道："善生！你诚恳的心情我已知道，我很高兴为你说教，你要用忘我的心来思维我的教法。

"善生！做人先要知道四种结业，什么是四种结业呢？

一、知道杀生是残忍的恶习；

二、知道窃盗是损人的行为；

三、知道邪淫是痛苦的根源；

四、知道妄言是虚伪的欺骗。

"善生！做人更要不于四处作恶行，哪四处？

一、永无满足之自私的贪欲；

二、嫉妒骄狂之恼怒的嗔恚；

三、所作行业之后果的恐惧；

四、执断执常之我见的愚痴。

"善生！人若有这四种恶行，名誉日减，人不喜见，如同下旬的月亮，一天一天地减少；如能离此四种恶行，名誉日增，受人尊敬，像上旬的月亮，一天天地增满。

"善生！有六种损财造业的事不要去做，哪六种损财造业的事呢？

一、耽湎于酒；

二、喜好博戏；

三、闲游放荡；

四、迷于歌舞；

五、爱交恶友；

六、懈怠懒惰。

"善生！耽湎于酒的人，常有六失：一是散失财帛，二是常生疾病，三是爱好斗争，四是恶名流布，五是嗔恚粗暴，六是智慧日损。

“善好博戏的人，也常有六失：一是财产日耗，二是虽胜生怨，三是智者所责，四是人不敬信，五是为人疏外，六是生盗窃心。

“善生！迷于歌舞的人，亦有六失：一是歌在何处，二是舞在何处，三是琴瑟在何处，四是讲说在何处，五是鼓乐在何处，六是聚会在何处。

“善生！爱交恶友的人，亦有六失：一是方便生欺，二是好喜屏处，三是诱他家人，四是图谋他物，五是财利自向，六是好发他过。

“善生！懈怠懒惰的人，亦有六失：一是不肯作务，二是不肯勤修，三是喜好美味，四是妄想纷飞，五是受人轻视，六是事业无成。

“善生！耽湎于酒乃至懈怠懒惰的这六种损财的业是不能去造作的，假若去造作，家财一定日日损减，名声一定渐渐受人批评。

“善生！复有四种像是亲朋好友的样子，但实如冤家，这是应当觉察了知，哪四种怨亲呢？

一、有贪欲而假畏伏的人；

二、有所求而说美言的人；

三、有谄谀而来敬顺的人；

四、有图乐而来交友的人。

“善生！有贪欲而假畏伏的人，第一你给他少了他望多的，第二他给你小利要你报酬大利，第三畏惧你而勉强来亲近，第四为求利益才和你相交。

“善生！有所求而说美言的人，第一无论你的行为是善是恶，他都顺从，第二等你有难的时候他就离开，第三视外有善事而来求助，他便密为隐藏，不使你知，第四见有危险的事情发生，他就排击你而忘记恩惠。

“善生！有谄谀而来敬顺的人，第一见你有不好的行为他不劝谏，第二见有善事可做他不协助，第三见到有利可得的事他便趋承逢迎，第四见到有义无利的事他便后退。

“善生！有图乐而来交友的人，第一有酒有吃的时候和你为友，第二有赌博游戏的时候才和你为友，第三淫逸放荡的时候才和你为友，第四有歌舞出游的时候才和你为友。

“善生！前四种恶友要远离，因为那些朋友只会令自己堕落，我现在再告诉你四种益友可亲，哪四种呢？

一、见非即来劝止；

二、有同情慈悲心；

三、乐于帮助他人；

四、苦乐皆不相弃。

“善生！见非即来劝止的益友，有四事可贵：第一见你为恶，则能遮止，第二为人正直，可作模范，第三慈心愍念，常思助人；第四示人善路，指导迷津。

“善生！有同情慈悯心的益友，亦有四事可贵：第一见你获得利益则代为欢喜，第二见你错犯恶行则代为忧愁，第三称人名誉道德，不言人非，第四见人说恶便能制止。

“善生！乐于帮助他人的益友，亦有四事可贵：第一护你不令放逸，第二护你不令失财，第三护你不令恐怖，第四对谈常作忠言。

“善生！苦乐皆不相弃的益友，有四事可贵：第一永不揭发朋友的秘密，第二灾危之时永不舍离，第三为朋友愿牺牲生命财宝，第四常相教诫，济其恐怖之事。

“善生！你要用聪明的慧眼，去认识这四种益友，和他相交，人格自会提高。要知贤能的人，他有纯洁清净的心，有正当的行为，像灯火的光辉，可以驱除黑暗。蜜蜂很勤勉地采蜜而富足，蚂蚁不懈怠而积蓄，我望你散去这十分之二的财宝而来交诸善友，以十分之二维持生活，以十分之二经营商业，以十分之二供养三宝，以十分之二积余以备不时之灾。”

佛陀慈悲的法语，像迷途上的指南，听在善生的耳中，他好像穷人遇宝，好像黑暗中见到光明。他五体投地向佛陀顶礼，对佛陀说道：“佛陀！您真是崇高伟大的佛陀，您的指教，没有一句不有益于我们人生，您才是我们人间真正的导师。佛陀！我惭愧忏悔，怎么我到今天才见到佛陀，我现在愿意把过去的一切迷妄舍去，请佛陀指教我，在佛陀的贤圣法中，应如何来礼敬六方？”

佛陀知道浸迦罗迦诚恳的心，当即说道：“善生！在我的圣贤法中，亦当礼敬六方，是哪六方呢？

一、父母为东方；

二、师长为南方；

三、夫妻为西方；

四、亲朋为北方；

五、僮仆为下方；

六、沙门为上方。

“善生！若是为人子者，当以五事侍奉东方的父母：第一、供养父母，不令缺乏；第二，凡有所为，必先禀白；第三、父母所为，恭顺不逆；第四、父母正令，不敢违背；第五、父母正业，不为中断，立宗祠守遗产，父母死后要布施。做东方父母的亦应以五事对待子女；第一、教育子女，不让为恶；第二、指其善处，使有高尚品格；第三、慈爱入骨，让其广博学问；第四、善为婚嫁，务使满意；第五、随时供给所需，协助事业成就。父母子女若能如此，则彼方安稳没有忧畏烦恼之苦。

“善生！弟子敬奉南方的师长，亦有五事：第一、师来时起立欢迎，善为承顺其意；第二、礼赞供养，恭敬受教；第三、尊重戴仰，不违其意；第四、师有教敕，敬顺无违；第五、从师明理，善持不忘。做南方师长的亦应以五事爱敬弟子：第一、顺法调御，以爱教导；第二、诲其未闻，增广知识；第三、随其所问，令善解义；第四、示其善友，乐于交游；第五、尽己所知，诲教不吝。师长弟子若均能如此，则彼方安稳，无诸忧畏烦恼之苦。

“善生！为人夫者敬爱西方的妻子有五事：第一、相爱以礼，相敬如宾；第二、守贞不贰，使妻信任；第三、衣食随时，不使缺乏；第四、威严不亵，体贴其爱；第五、委付家内，悉任主使。西方的妻子亦应以五事爱敬其夫：第一、早晨先起，打扫家内；第二、请夫先坐，然后入席；第三、和言爱语，不谈粗言；第四、敬顺其意，不可违背；第五、先承意旨，而后作为。夫妻若能如此，则彼方安稳，没有忧畏烦恼之苦。

“善生！为人当以五事亲近对待北方的宗族朋友：第一、若有缺乏，布施给济；第二、温和爱语，恭敬礼遇；第三、利益均分，有我有他；第四、困难之事，助其成就；第五、诚实相待，不可欺骗。宗族朋友亦以五事对待其人：第一、不令放逸，常常鼓励；第二、不令失财，劝其惜物；第三、不令恐怖，助长其威；第四、屏相教诫，不令作恶；第五、常相称赞，隐恶扬善。宗族朋友若能互相如此对待，则彼方安稳，没有忧畏烦恼之苦。

“善生！做主人的当以五事对待下方的僮仆：第一、每呼使役，莫令过分；第二、饮食以时，役饥如己；第三、劳动定时，有暇令息；第四、病与医药，速康复；第五、多余财物，常为赐予。做僮仆的亦应以五事敬对主人：第一、早起做事，勤劳为本；第二、为事周密，决不敷衍；第三、不予不取，忠实事主；第四、工作热心，次第完成；第五、称扬主召，说其善事。做家主及僮仆的若能互相如此对待，则彼方安稳，定无忧畏苦恼之事。

“善生！做檀越的人，当以五事奉敬上方的沙门：第一、身常行慈，不杀不盗；第二、口常行慈，不说妄语；第三、意常行慈，不贪不嗔；第四、供养四事，不令缺少；第五、门不制止，自由退出。沙门亦当以六事而教授檀越：第一、善为防护，不令为恶；第二、指授善处，多做好事；第三、教怀善心，不起恶念；第四、未闻令闻，常教正法；第五、闻者令解，多施法益；第六、多为讲说，得救之道。做檀越的和做沙门的若能如此相待，则彼方安稳，定无忧畏烦恼之苦。

“善生！礼拜这个东方的父母，南方的师长，西方的妻子，北方的亲友，下方的僮仆，上方的沙门，则行为端正，心离顽愚，努力工作，精进行道，广交善友，亲善知识，多行慈悲喜舍，发四无量心，多做布施爱语，行四摄法，这才是真正的孝养之心。”

浸迦罗迦听了佛陀的教示，开智慧眼，无量欢喜，信受奉行！他当即皈依佛陀，从此舍弃他过去那愚昧的礼拜六方，做了三宝的信者。

化凶逆

舍卫城的北方不远，萨那村庄中有一位婆罗门的摩尼跋陀罗，他有弟子名叫鸯崛摩罗，很尊重老师，凡是老师说的话他都相信听从。在弟子中，老师也特别爱他，因此遭受其他弟子们的嫉妒，谣传他和老师的妻子有关系。摩尼跋陀罗并不听这些谣传。但他的妻子看到鸯崛摩罗聪明伶俐，确实心中常常燃起爱情之火。

有一天，摩尼跋陀罗外出的时候，他的妻子就走来诱惑鸯崛摩罗，鸯崛摩罗知道这是不合伦理的事，弟子一定不可以和师母有暧昧的行为，他就说道："师母，你的年龄比我大，我把你看成是我的母亲一样。这里是清净的地方，我希望你不要乱说乱来。"

老师的妻子见到鸯崛摩罗非但不理睬她，而且羞辱她。因此她由爱生恨，随即撕破自己的衣服，抓乱自己的头发，等摩尼跋陀罗婆罗门回来时，哭闹着要自杀，她的丈夫问她为什么，她说鸯崛摩罗纠缠着她要行非礼的事。她之所以这样说，目的还是怕鸯崛摩罗先告诉她的丈夫，她为了自己，不惜一切毁坏这青年的名誉。

摩尼跋陀罗很生气，把鸯崛摩罗叫到面前说道："你跟我所学的虽然都已教你，但有一个秘密你还不知道，你要想得到这个秘密，必须要杀死百人以上，把他们的手指穿系挂在颈项之中，才能觉悟。”

“老师！杀一百人以上，这不是儿戏，王法也不准杀人。”鸯崛摩罗嗫嚅着说出自己的意思。

“你这个愚痴的人，你懂得什么？你要知道杀人才能洗雪你的罪恶，难道你不想做婆罗门，不想升天吗？”

鸯崛摩罗不敢违背老师的话，把心一横，像发狂似的就到处持刀杀人。

比丘出外见到此事，回去报告佛陀！佛陀听到以后就说：“很可怜！我马上出去救他！”

有些弟子很害怕，但佛陀像没有事一样。

佛陀向鸯崛摩罗杀人的地方走来，路旁有个割草的人对佛陀说道：“啊！您不是大圣佛陀吗？前面您赶快不要去，那边有一个人在等着杀人！”

佛陀微笑着点点头道：“谢谢你的好意，不过，我就是因为前面有人杀人才去的，假若世界上都是我的敌人，我也不怕，何况是一个人呢？”

佛陀庄严地向前走着，佛陀不是不爱惜生命，而是知道自己的力量可以折伏他，使他得度。佛陀一到，鸯崛摩罗带着杀意前来，但当他注意一看，顿时被佛陀的威力压息下他的狂气。佛陀的威光，使他不知不觉地掷去手中的刀，问道：“您是一位哪里来的不可思议的人？”

“我是佛陀！我现时住在祇园精舍，将来住在世间上一切处，进入大涅槃，活在每个人的心中，我怜悯你，所以才来救你。”

鸯崛摩罗听后，不由得不在佛陀之前俯伏叩头。佛陀又说道：“你跟我来，你做我的弟子好吗？”

“人家都怕我，见到我就跑，难道您能允许吗？”

“忏悔就能得救，忏悔就能消除过去的罪业。太阳的光明照护一切，泥水进入大海就可以变为清净，大地吸收粪尿能成净水。你不要挂念那些，只要你改过自新。”佛陀告诉他。

鸯崛摩罗就这样做了佛陀的弟子，变成人间的清净者，得到永远的平和。

佛陀的慈悲，怜悯任何人；佛陀决不愿舍弃一个可以救的人。摄伏恶逆，开导迷途，佛陀实在是像太阳，像大海，像大地的圣者。

试佛音远近

目犍连尊者是佛陀许多弟子当中，被认为神通造诣最高的弟子。

这天，目犍连正进住在禅定中，忽然来了一个问题困扰他，那就是：佛陀的声音究竟能响及多远？真能遍及十方世界吗？因为佛陀在每一次说法之前，身上就发出黄金色的祥光，光亮遍照十方世界，十方世界的菩萨众都因此陆续来至娑婆世界听法。

佛陀的慈光能照及十方，佛陀的法音是不是也如此呢？目犍连在想着。与其在这儿推想，不如去试试吧！

主意既打好就出得禅定来，靠着他那优异的本领，腾上天空飞行而去。刹那间来到须弥山顶，忉利天界，这时他侧耳一听，佛陀就像在他身边说法。

又飞，飞过南赡部洲，飞过西牛贺洲，直到飞越过四部洲，佛陀的声音还是很清晰地在他耳边。

这时，释迦牟尼佛已知道目犍连的心意。让我来满足他的愿望吧！佛陀这样想，就用神力暗中送去一股力量，目犍连忽然觉得身体好轻盈，飞行的速度猛然快起来，于是他鼓足神力去飞，轻快地朝西方飞去。

现在算起来，从娑婆世界出发，他已飞越过九十九个恒河沙数的佛土了。眼前有一个金光灿烁的世界，一位教主正在说法，他的身高足有一百由旬，再看狮子座下的听众，每一个人也都五百由旬高，他觉得很稀奇，朝四周张望了一下，看到一座如锌形高山，闪闪发光，于是他飞腾到那座金山上，昂头看他们，猛然传来洪雷般的话声："奇怪！哪来的一只小虫？却化现比丘的相状在我钵上行走呢？"

接着有人说："你们不要生轻慢心，那是东方娑婆世界教主释迦牟尼佛的弟子，是神通第一的目犍连。"

又听到一阵亲切的声音呼唤着他，注意听，是佛陀的声音："目犍连，这里是光明王佛的国土，叫作光明幢世界，这里的众生都有五百由旬的身高，快用神力把你的身体增高至五百由旬，不要以你的微小来引起他们的轻慢心。"

即时，目犍连走到佛前，以头面礼拜佛足，然后照佛陀的指示跃上虚空，刹那，他的身高竟长到四千万丈，并且身上闪射出七彩夺目的光芒，在每一道光明里盛开着无数的莲花，而在每一朵莲花上都坐着释迦牟尼佛，正在宣说妙法。这突来的瑞象，使光明幢世界的众菩萨都很惊奇，大家同声赞叹稀有难得。

这时光明王佛对目犍连说道："目犍连，不必怀疑，佛陀的法音如佛光，响彻虚空，传遍法界，现在你可以回去了吧！"

回去，怎么回去呢？目犍连这时才意识到以自己的能力是绝不能飞行到此地，一定是佛陀慈悲帮我来，现在怎么回去呢？目犍连很心急，赶忙跪向光明王佛脚下祈求道：“如来，请你帮我，这么遥远的路程，我怎能回去呢？”

光明王佛答道：“以你的能力，就是花费一劫的时间也回不到娑婆世界，告诉你，面朝东方至诚礼拜，称念释迦牟尼佛的圣号，你将可以毫不费力，安然地回去。”

目犍连依照指示，向东方至诚礼拜，诵念佛陀的名号，果然，瞬念之间，就返抵娑婆世界了。

玉耶女

用黄金铺地建立祇园精舍的须达长者，他的第七个最小的儿子，迎娶王舍城的护弥长者的女儿玉耶为妻。玉耶生长得姿容秀美，身材楚楚动人，她自恃自己的美丽，对公婆固然是没有孝顺服侍，就是对丈夫亲朋也看不在眼中，有时眉目言谈之间，还有轻慢侮辱的意思。

须达长者讨娶这一门媳妇使一个和乐的家庭，不时发生无谓纠纷，纠纷的原因，都是因为玉耶不能善尽妇道，没有女子贤淑的德行。

须达长者很是失望伤心，六个儿媳都能融洽相处，想不到本是大家闺秀的玉耶，小小的年纪，竟然这么目无尊长。他常要儿媳们不时到祇园精舍听闻佛陀说法，唯有玉耶持着反对的意见，不肯前去。她说就是佛陀法驾亲来，她也不肯相见。玉耶的增上慢，须达长者往往想用棍棒责打，使其悔改。但当玉耶知道公公有这样居心时，她就哭闹不休，口口声声闹着要带自己的东西回归娘家。

须达长者知道教化玉耶，除了佛陀以外，是谁也没有办法，但玉耶就最不高兴和佛陀相见，最不愿意听佛陀说法，这有什么办法呢？

有一天，须达长者怀着无可奈何的心情，到祇园精舍求见佛陀，对佛陀禀告："慈悲的佛陀，我今天有一件事情不能不来请求佛陀相助，本来家丑不可外扬，但佛陀是我们众生的慈父，唯有佛陀的智慧威德，才能调伏刚强难化的众生。

"佛陀，弟子一共生有七个儿子，六个儿媳都能孝顺贤惠，唯有第七个儿媳玉耶，长得是绝顶窈窕美丽，但她骄慢异常，时时出言不逊，侮辱尊长。

"我们本想常带她来请佛陀开示，但愚痴遮盖她的心灵，她非但不听，反而毁谤佛陀。她以为人生就是享乐第一，美貌第一，爱情第一，除此她什么都不愿关心。我们没有什么办法可想，只得请求佛陀慈悲，为度化我这顽强的儿媳想个办法。"

佛陀察知须达长者的心，当即说道："玉耶既不愿前来，你又对她关心爱护，明天我就到你家中去访问一趟吧！"

须达长者听佛陀说要光临他的家里，惊喜感动得老泪横流，当即奔向佛陀座前，顶礼佛足。

佛陀带领弟子，到达精致的长者府中，长者夫妇，以及七子六媳都出来环绕佛陀三匝，以示欢迎，独有玉耶逃避佛陀，不肯出来。长者命第七公子去叫，他回来说玉耶不在房中，长者心里很感对不起佛陀。讨娶这不贤惠的儿媳，而且辜负了佛陀的慈悲，真是全家的耻辱，但佛陀却不以为意，反而安慰长者道："你心中不要难过，等一会儿玉耶自会出来。"

佛陀说后，身上像是放出万道金光，照得所有的墙壁如透明的玻璃，大家这时都看到玉耶偷偷在佛陀身后的门缝里望着佛陀。玉耶对佛陀虽有反感，但一见到佛陀的相好光明，过去的反感一扫而光。她知道自己的身体已隐藏不住，只得出来站在佛陀的身旁，低着头，不敢仰望佛陀的慈颜。

佛陀没有弯曲，心平气和地说道："玉耶！女人光是容貌端正姣好，不名为美人，更不值得骄傲。而心行端正，有贞静幽闲的女德，受人尊敬，方可名为美人。姿容的秀丽，虽然可以诱惑迷醉愚人，但不能够受人尊敬，不能叫人见到欢喜。女人漂亮的面孔，柳枝似的身腰，虽然可以适宜作他人的玩具，但以此并不算做到很好的人。生为女人之身，注定她就具有三种缺陷、十种业障。三个缺陷就是：

第一、在童年的时候，受着父母的管束，不能像男孩子那么任性自由。

第二、出嫁之后，凡事要听丈夫的吩咐，处处要依赖他人，自己没有自由。

第三、老年白发龙钟时，常被不孝的儿媳呵斥，阻碍一切自由。

除此三种缺陷外，女人还有十种业障：

第一、出生的时候，父母因有重男轻女的观念，每见生下女孩，心中厌恶不喜。

第二、在养育期中，父母认为女孩不是自家之人，所以不尽心抚育。

第三、女子长大时，一定要出嫁他人，为着结婚的事，使父母挂心。

第四、做女子的人，心常畏惧，不敢见人，每见人时，总是偷偷摸摸，鬼鬼祟祟。

第五、女子长大时，一定要别离父母，委身他姓，自己不能做主。

第六、女子怀孕时，身体种种不安，大腹便便，苦不堪言。

第七、女子生育孩童，疼痛难忍，难产之事，时有发生。

第八、女子一切要仰仗丈夫，心存恐惧，时刻挂心失去丈夫之爱。

第九、女子生性爱好虚荣，化妆打扮，浪费时间，其实身常不净，多于男人。

第十、女子心多猜疑嫉妒，好谈是非，喜怒哀乐，身心恒常不得自在。

"玉耶，女子有这种种的业障缺陷，面容虽是美貌，但有什么值得向人骄傲？而且，青春美貌是暂时不实的东西，聪明的人绝不以此向人炫耀！"

玉耶静听着佛陀的法音，句句击中她的心，她恐缩地望着佛陀，问道："那么，女人怎么做才好呢？"

佛陀知道玉耶骄慢惯了的心，此刻已收回来，所以又再慈和地说道："玉耶，你问我女人怎么样做才好，我告诉你，你现在是人家的妻室，做人家妻室的女人，应要奉行五道：

第一、要做母妇：敬爱丈夫，要有如父母爱护子女之心。

第二、要做臣妇：把丈夫当作君王看待，自己犹如臣下。

第三、要做妹妇：视丈夫如同胞的兄长，夫妻要相敬如宾。

第四、要做婢妇：侍奉丈夫，有如婢女侍奉主人，要有恭敬尊重之心。

第五、要做夫妇：和丈夫要永远孝顺父母翁姑，和睦亲族。夫妻要有恩爱之情、亲爱之实。形体虽异，誓不二心。接待宾客，勤治家事，不谈他人是非，不道人之短长。

“玉耶，做妇女的对待丈夫，要有上说的五种态度，除此还应该奉行五善，去除四恶，五善就是：

第一、早起梳头洗面，迟睡当心门户火烛，不可推诿别人。

第二、丈夫斥责，忍耐慎口，不可怀恨在心。

第三、一心守夫，唯恐不及，不可再生邪念。

第四、常愿丈夫长寿，夫远离时，整理家务，不可再怀二心。

第五、不念夫恶，常记夫之好处，有美味必先奉夫，不可先尝。

“奉行五善外，还要去除四恶：

第一、未黑先眠、日出未起、丈夫斥责、反言相讥。

第二、美味先尝、恶食与夫、对夫异心、常存邪念。

第三、不治家事、耽于游乐、搜人长短、说人坏事。

第四、爱慕虚荣、争奇斗妍、憎恨亲族、贱视他人。

“玉耶！妇女若能奉行五善，众人爱敬，受人赞誉，祸不降临，德及子孙；若是犯此四恶，夫家不喜，自身多灾；现世之身，不得安稳，万项事情，不能称心。玉耶！你希望做行善的妇人呢，还是希望做行恶的妇女呢？”

玉耶听佛陀说后，感动得流泪说道：“我错了，我真是愚人，我听了佛陀的教化，像是从梦中醒来似的。佛陀！容我忏悔，以后我一定善尽妇道，不起骄慢愚痴之心。”

佛陀欢喜赞叹道：“做人谁能无过呢？知过必改，就是聪明的贤人了。”

玉耶最后哀求佛陀为她授六重二十八轻戒，她愿世世生生，做一家庭佛化的优婆夷！须达长者全家都为她祝贺新生。

难陀的舍爱

有一天，佛陀托钵到难陀的门前，佛陀问难陀日来忙些什么，难陀说道："我和孙陀利姬结婚不久，她是我们迦毗罗卫国十六城中最漂亮的美人，我每日要忙着帮她化妆打扮，致使无暇前去探望佛陀。

"人生最快乐的事就是有美丽的妻子，我现在已经获得，所以别的事再引不起我的关心。孙陀利姬除要我终日陪着她以外，也不准我关心别的事情，我不能不听她的话，她实在是我的心肝。

"佛陀今日大慈大悲前来，不知要接受我的什么供养，请快些吧，恐怕孙陀利姬等我要等得着急了。"

难陀的自白，像是铁锤击中佛陀的胸前，迦毗罗卫国未来的悲运，佛陀的心中像早就知道，他听难陀说后，放下手中的铁钵转身向尼拘陀树林去了。

难陀见佛陀放下铁钵，赶快盛满饭菜追赶佛陀，难陀因此也进入尼拘陀森林之中，佛陀见难陀来时，即刻问道："难陀！我为照顾众生，就不能不照顾你，照顾你就不能不为你永久的幸福着想，我现在问你，你跟随我一同出家好不好？"

难陀以为佛陀是开玩笑的，口中就含糊应道："愿意！

愿意!”

佛陀就把舍利弗叫来，着他为难陀剃度。

难陀一见佛陀这么认真，大惊失色，想到朝夕寻欢的孙陀利姬，他是无论如何不能出家，但佛陀威严地在他身旁，他又不敢拒绝舍利弗为他剃度。

难陀剃度后，怎么也不能安于修行，心烦意躁的丑态，佛陀看在眼中，知道再多的理论也感动不了他，唯有用事实说明才可使他觉悟回头。一天，佛陀带领难陀到郊外散步，行行重行行，走到黑山的地方来，在茂林深处，忽然碰见一只肮脏丑陋的母猴，佛陀即刻指着问难陀道:“难陀！你的妻子孙陀利姬和这一只老母猴相比如何?”

“佛陀！请不要开我的玩笑!”难陀不高兴地回答道，“我的妻子，她有倾国倾城的美貌，她有无双的娇容，对我有恩恩爱爱得难分难舍的情感，她好似天上的仙子，怎么能和这老母猴相比?”

佛陀又慈和地说道:“难陀！你的妻子既是美如天上的仙女，难怪你听我的话要气愤不平，不过天上的仙女你没有见过，这是不可以相比的。假若你喜欢要见天上的仙女，我倒可以满足你的希求，我可以把你带到天上去看看。”

难陀欢喜非常，佛陀即运用威德神力，转眼之间，佛陀把难陀带进另一个灿烂辉煌的世界。

在这个世界里，难陀见到的是富丽堂皇的琼楼玉宫，听到的是悠扬悦耳的音乐，嗅到的是馥郁芬芳的花香。难陀的神魂飘荡起来，他忙问佛陀道:“佛陀！这里是什么人做天子？”

“你去问问那些天女，她们一定会知道。”佛陀回答。

难陀给那些冰肌玉骨艳丽纯洁的天女，诱惑得恍恍惚惚，缥缥缈缈。他鼓起勇气把自己的疑惑向天女探问。

许多天女都围拢过来，她们娇声滴滴地向难陀说道：“人间的迦毗罗卫国有一位佛陀的弟弟难陀，因为出家修行的功德，死后就会生到我们的天上来，做我们这里的天子。我们都将是他最宠爱的妃子，终日和他游玩作乐，谈情说爱，过着花好月圆般的生活。

“我们这里不比五浊恶世的世间，生在五浊恶世的人，生命只短短的数十寒暑；声色的快乐，荣华的富贵，不能永远享受。生到我们这里来做人，寿命有数千年之久，思衣得衣，思食得食，更有我们姐妹们陪着，情意绵绵，蜜语甜甜，真是胜过人间百千万倍。

“我们这里的情形不能同你多讲，你现在好像还是一个凡夫，你大概没有经过刻苦耐劳的修行，你业感的身体还在，怎么会跑到我们天上来呢？”

难陀仿佛沉迷在梦中，给天女一问才惊醒过来。他想：天女的言语多么甜蜜温柔，体态多么轻盈窈窕，只要修行，将来就可以和她们天长地久，他又欢喜，又自惭形秽地退出来。

“难陀！你的妻子和天女相比如何？”佛陀见难陀出来，仍然慈和地问他。

“佛陀！请您不要笑我的愚痴，这些天女，举眉动目，都能勾魂摄魄。我的妻子和天女相比，正如山间的母猴比我的妻子，美丑是不可同日而语。过去我不知道修行的功德，现在，天女的言犹在耳，佛陀，我以后得安心修行，求生天上，享受天上的五欲快乐。”

佛陀听到难陀立志修行，莞尔而笑，点头不语。

慈悲的救主，伟大的佛陀，救度众生有无量的方便，“先以欲钩牵，后令入佛智”，他终于使难陀暂时离开欲海进入佛道了。

佛陀知道难陀暂时乐道的心是醉翁之意不在酒，他为着希求满足更大的欲望，为着憧憬将来快乐无比的天堂生活，为着妄想和天女的一番恩情。大智的佛陀，当然还得进一步使难陀鄙弃这不正确的思想。

佛陀又以威神力，把难陀带入铁围山中参观一切地狱，想以此能为难陀彻底入道的增上缘。

难陀刚踏入地狱之门，就觉得阴风习习，杀气腾腾，他战战兢兢地欲行又止，佛陀见他踟蹰不前，因此说道：“难陀！你不要恐怖，这儿的情形虽然和天上相反；但我们是游玩参观而来，可怖的场面与我们无关，你大胆前去观看，遇到疑惑的地方可问狱卒，请求解答。我在门口等你，你速去速来！”

难陀听到佛陀的指示，鼓着勇气又再前行，刀山剑树，铁树铜柱，血河油锅，拔舌剥皮，一切凄惨的事实都摆在他的眼前。天堂地狱的因果报应，他再也不敢讥为是无稽之谈。

这里是随着众生自己业力的大小，感受一切罪刑，难陀见到各处都有人在受刑，唯有一个巨型的油锅还空着，难陀因此就问狱卒油锅中是等谁来受刑。

狱卒狰狞地答道："人间迦毗罗卫国佛陀有一位弟弟名叫难陀，他因修行祈祷生天，等他天福享尽，应堕地狱受此油锅煎熬之苦。"

难陀一听狱卒之言，唬得魂飞魄散，拔腿往外飞奔。天堂的幸福，天女的多情，竟被狱卒寥寥数言粉碎。念地狱苦，发菩提心，难陀深深体味到人生的空幻与无常，以及学到了生脱死的刻不容缓。佛陀是不舍众生，他见到难陀忏悔得痛哭流涕，知道他真正觉悟了，因此佛陀抚摸着难陀说道："难陀！你不要这么伤心，改往修来，现在还不算迟，你跟我回去吧！"

难陀从此就渐渐安心学道了。

三迦叶的改宗

佛陀成道后不久，一天，来到伽耶山尼连禅河边的时候，正是日落黄昏的时辰了。

佛陀过去曾在这里默默隐居着修行，他知道这里的一切，他到达时就去拜访住在这儿的一位拜火教的首领优楼频罗迦叶，他有着弟子五百人，国王大臣都对他很尊敬。他听到佛陀的光临，就很客气地出迎，佛陀也向他合掌招呼，佛陀说道："我是从波罗奈国而来，现在我想到摩揭陀国去，今天天晚了，我想在你这里借住一宿。"

优楼频罗迦叶回答佛陀道："我看您的样子，也像一位不平凡的道者，您要在敝地借住一宿，这本没有什么关系。我这里住的地方，有是有的，不过那间房子既放着我许多拜火的道具，而且又有着一条很凶恶的毒龙。住进那间房子，简直是和生命开玩笑，在我是没有什么关系，为了您的安全，我得老实地回绝您。"

佛陀听后，微笑着说道："有毒龙吗？那也没有什么关系，请你无论如何借我住一宿，天晚了，实在没地方去。"

迦叶就指着一个洞窟似的石室，佛陀就安然地进去。迦叶和他的许多弟子都以为佛陀自寻死路，真是傻瓜。也有的弟子说是应该的，大家都预料佛陀马上就奔逃出来。

佛陀是人间的觉者，他并不愿神奇怪异地与众不同，他只是泰然地安坐于石室之中，佛陀是解脱的超人，他知道毒龙对他不会有恶意的。后来，毒龙果真昂头吐舌，卷曲来回地游着，但对寂然不动的佛陀，丝毫没有恶意。

第二天，佛陀从石室中安然地出来，口里还说："心若清净的话，一定不会为别人所害。"听到此话的人，都还见到佛陀的后面放光。

优楼频罗迦叶心中思维着："这绝不是一位普通的人，他一定是一位超凡的圣者，难道他是为了征服我而来的吗？"他心下这么一想，不觉就慌乱起来。

佛陀又很有礼貌地和优楼频罗迦叶说道："可以暂时给我在这里修行吗？"迦叶听了并未深疑，他此刻又以为佛陀很尊敬他。

佛陀住下来以后，适巧有一个地方举行很盛大的祭典，聚集成千成万的人，被请为主祭的迦叶，心中很怕人们见到佛陀，因为他知道佛陀有一股不可思议的力量能慑服别人。佛陀早就知道迦叶的心，所以在这一天，无论什么人都没有见到佛陀。后来惹起迦叶的怀疑，他就问佛陀昨天到什么地方去了。佛陀和颜悦色地看着迦叶说道："我知道你的心中希望我不要给人看到，所以我也就不给别人见到。我很老实地对你讲，你还没有觉悟到人生的真谛，你充满嫉妒的心。以你这么一位有人格的人还有嫉妒的私念，从你修行的方法看来，这本不足为怪。你在拜火以前，如果不断这个念头，你永远不能得救!”

佛陀这么一说，迦叶起初听时大吃一惊，他想反问佛陀为什么这样说。但他知道这样问反而显得不智，他只得坦白承认道：“对的！我很惭愧！您说得一点不错。我知道您已经是成就佛陀大行的圣人。我听说您过去在这不远的地方修行，可惜我没有见过您。您比我还年轻，您的智慧、道德，都比我占优势，但是我又怕这样去想。我现在变成一个对真理不忠实的人，现在我唯有诚恳地拜在您的座下，希望您收我做弟子，洗去我心里的尘垢!”

佛陀点头称赞道：“好！优楼频罗迦叶！我知道唯有像你这样的人，才能说出这样的话。不过，信仰你的弟子很多，你还是和你的弟子们商量商量再说吧!”

迦叶听了佛陀的吩咐，当时就集合他的五百弟子，坚决地向他们说道：“我到现在才明白我的往日全非，我现在已经逢到宇宙之光的佛陀，我已经是佛陀的弟子。我希望在佛陀的座下洗去我心上的尘垢，使我能趋证到涅槃。佛陀说，心不清净，就不能减除一切苦恼，我们祭火而心中仍然充满垢秽，这样的修行又有什么意义呢？当佛陀初来的时候，我就觉得他不平凡，超过我多多，可是，愚痴蒙覆我的心，我还不肯在真理之前屈服。现在我思之再三，我希望你们能一起和我皈依佛陀做弟子吧!”

这五百名修道者——优楼频罗迦叶的弟子，听老师这么一说，给佛陀的威德深深地感动，都发誓说愿意跟随老师永远做佛陀的弟子。

优楼频罗迦叶非常欢喜，从此和弟子们，投身于佛法的怀抱中，做了佛陀常随众的弟子。他把事火的道具，全部抛入尼连禅河中。

道具随着流水往下流去，一直流到优楼频罗迦叶的两位弟弟住的地方来。

优楼频罗迦叶的两位弟弟，一名那提迦叶，一名伽耶迦叶，他们两个人也是拜火教的教徒，各有弟子二百五十人。这一天见到长兄拜火所用的道具，从尼连禅河的上游流来，以为发生了什么意外的事情，两人不觉茫然伤感流下泪来。

他俩猜想长兄一定发生了什么不寻常的事，给国王驱逐了吗？国王哪里敢对神圣的仙人这么无礼呢？给山贼杀害了吗？山贼有这么大胆么？他俩想来想去，真想不出一个什么原因。

他们带着惊怖的心情，星夜赶到长兄的住所来。走进长兄的苦行林，就见到一向被自己尊敬仰慕着的长兄，以及长兄的五百弟子都改作沙门，头上剃光须发，身上穿着黄色袈裟，他们二人见到以后，就闭着眼睛连连摇头，不忍再看。

他们两人在转念之间，又情不自禁地气愤起来，向优楼频罗迦叶说道："大哥！你怎么变成这个样子呢？你是听到什么人的话而堕落到如此？你所悟的智慧，在这个世界上没有人能和你相比，天下的尊敬都集中在你的一身，你为什么要听信他人的教，这么轻易改变你的信仰？过去我们有你这么一位长兄，觉得无上的荣耀，现在我们感到做你的弟弟非常的可耻！"

优楼频罗迦叶听到两位弟弟的责难，他毫不气恼，更心平气和地说道："弟弟！你们来了，好得很！我正想去访问你们。不错，正如你们所知道的，我现在已经改宗信仰佛陀了。我以前也绝对不会想到自己现在会这样，所以你们想到不可思议，这不怪你们。是的，我听到佛陀的一席话，我就从迷途走向正道来，我到今天才像从黑暗中见到光明。我很欢喜我活到现在，我在今生能皈依佛陀，这是多么难遇的机缘！在过去我还没有逢到佛陀的时候，和你们的想法一样，以为自己的修行，已获得正觉，可是遇到佛陀以后，才知道内心充满尘垢。你们要知道，内心不净，怎么能解脱生死呢？我活到这么大的年纪，从来就没有像皈依佛陀后这么安静过。

"你们不必有高而且深的我慢，佛陀有大的神通，大的智慧，大的慈悲，毕竟不是我们所能及得上的。我现在受着国王的崇敬，全国人民的供养，其实我还没有断除根本的生死，这有什么可以值得荣耀高贵呢？我感到荣幸的是我现在遇到大圣者的佛陀，在他的教导之下，我相信一定能达到我们修行者日夜所祈求的目的。

"弟弟！我执不要这么深厚，你们也知道我的智慧超过你们，我尚且知道改邪归正，你们依凭什么要执迷不悟？永陷在尘垢之内，生死的渊中？"

优楼频罗迦叶的这一席坦白诚恳的话，说得两位弟弟哑口无言。他知道弟弟是相信自己的，因此就把他们带去求见佛陀。当他们见到佛陀的时候，佛陀那无限深广的威严慈悲，他们见了心中也不觉生起崇敬，因此才真的知道长兄的改宗并不是没有理由。

他们聆听佛陀的法语以后，更加地佩服，所以就很欢喜地要求佛陀怜悯他们，让他们改宗一起皈依在佛陀的座下。

佛陀集合迦叶三弟兄并弟子一千人，就以火譬喻说教道："弟子们！种种的妄想，就像一块打火石，会引起种种愚痴的黑烟，炽烈的燃烧起贪欲与嗔恚的猛火，燃烧着一切众生。

"这愚痴、贪欲、嗔恚，就是三毒的烦恼之火，众生因为燃起这三毒之火，所以就轮回在老病死的苦恼之内，在生生死死的世界中从此就不能解脱出来。

"诸比丘弟子，这三毒猛火是苦的根源，是以我为本。要想断除这三毒的猛火，必须先要断除以我为本的执着。这个我执的根本能够断除，三毒的火烟才会消灭，轮回在三界之中的一切苦恼，也就自然没有了。

"诸比丘！厌弃生死的火宅，远离三毒的猛火，进一步还要把内心中三毒的烈火完全息除，不要沉迷于生死烦恼的家中，这才是最要紧的大事！"

这一千个弟子，听佛陀的开示，欢喜踊跃，息除一切烦恼之火，畅游在解脱的境界之中。

弥多的口业

佛陀的大弟子中，有一个驼骠比丘，他是已证圣果的罗汉，他的精勤修习，仪容威德，都很给大众赞美，由于他办事的才干，做事的妥善，佛陀将僧团中的一切总务，都交给他负责。如僧众们的生活所需，一切的添置购买，或僧房的修理改造，凡是所有的杂事，都由他主办。驼骠尊者对于这些工作，办得头头是道，有条不紊，大家都非常赞美又佩服，所以，在僧团中他被誉为营事第一！

不过，任你再能干，所做的事情，绝没办法叫大家都称心，没办法叫个个不出怨言，尤其在千万人的僧团中做事，确是不容易的。因此，在这么多人当中，有一两个人对驼骠比丘的做事，并不感到满意。

僧团中有位弥多比丘，因在每次的托钵中，他所得的都是一些粗糙的饮食，此事他不但不反省自己的福薄无德，反而要怨怪别人。有一天他就去找驼骠尊者辩论。他开口就说："驼骠尊者！你所做的一切事情，虽然有很多人对你称赞，可是我就不满意你的做法，不赞美你的为人。"

"大德！我自己觉得很惭愧，佛陀把这个责任交给我，虽然我的不才，但我愿尽最大的力量，让大家都能够得到适意，得到方便，哪敢企望各位的称赞！”

弥多比丘并不理睬驼骠尊者的解释，他又愤愤地说道：“对于你分配区域托钵的事，我就不满意，你每次都把最偏僻、最贫穷的地方分配给我，我从来就没到过城里去托钵，还有人家信众供养的袈裟卧具，你都把好的给别人，把最坏的才拿给我，你这样料理僧事，实在太不公正。如果你不改变作风，我会找机会打击你！”

“噢！大德！你应了解，只要我们精进修道，福德具备，信众们一定会争着请你去供养，对于自身所遇到的好坏应自己反省，这怪不得人的。尤其要到城市去托钵的人，必须有庄重的威仪，佛法如一面镜子，我们应时时拿出来照照自己。”

驼骠尊者的好意劝解，弥多比丘并不感谢，反而更加怀恨，并且到处造谣，诽谤。弥多的姊姊是一位出家的比丘尼，知道弟弟的出口谤言，罪恶无比，因此再三劝化弟弟，不得恶口谤人，可是弥多并不听劝。后来僧团中的很多长老，都不喜欢弥多的造谣，也没有人喜欢和他在一起。

有一天，佛陀由此因缘，即召集大众说法，佛陀庄重地向大众说道：“诸比丘！一个喜欢造谣，搬弄是非的人，是最不受人家的欢迎。像这一次弥多比丘的造谣，他不仅害不了别人，反而害到自己。现在他到什么地方，都没有人肯和他在一起，他到了王舍城，王舍城的长老就叫他去舍卫国，如果他到了舍卫国，舍卫国的长老就叫他往王舍城。你们看，这不是自作自受吗？”

佛陀的话不错，恶口的人不是骂的别人，实际是骂的自己！

沙弥的悟道

在迦叶如来时，有一个少年比丘，很会唱赞，和众比丘在一起，时常出现骄傲的样子，自以为音声清雅，很了不起。

有一个发音沙哑的老比丘，不善唱赞，和大众住在一起。少年比丘听到老比丘唱赞的声音时，就笑他和狗吠一样。

老比丘是个已证罗汉果的圣者，他问少年比丘说："你认识我吗？"

"我早就认识你了，你是迦叶如来的上座比丘。"少年比丘回答说。

老比丘说："我虽不能唱赞，但我已解脱了生死的束缚，我已没有世间的一切苦事。"

少年比丘听说后，惶怖不已，觉得非常惭愧，向老比丘忏悔。然而罪性已经成立，在五百生中，受着恶口的苦报。由于他已经出家的善因，后来，在释迦牟尼佛住世的时候，才得到解脱。得度的经过是这样的：

有五百商人，欲到远方，结伴同行，内中一人携带一条狗，作为守夜之用。到中途，众商人休息于客栈，狗见主人安眠，便去偷肉吃，商人醒来看到，愤怒异常，你一脚我一拳地殴打。因嗔心的缘故，打得狗足都断了，就弃之于旷野，到别处去了。

当这时，舍利弗用天眼看见了，因狗痛苦万状，饥渴欲死，就将乞来的饭食，施食与它，狗得到残命，心里很欢喜。

舍利弗为狗说微妙法，狗闻说法以后，即刻命终，投生到舍卫城婆罗门家中。

一天，舍利弗独自一人行乞。婆罗门看见，问道："尊者自己一个人出来，怎么没有沙弥跟随？"

舍利弗回答道："我没有沙弥，听说你有一个男孩，能让他给我做沙弥吗？"

婆罗门回答说："我的孩子名叫均提，年纪还小，不会做事，等他再长大些，再给您。"

舍利弗答允他的话。

到均提七岁时，舍利弗向婆罗门去要，婆罗门命均提跟舍利弗出家做沙弥。舍利弗带均提回祇园精舍，为他说法，均提都能一一领悟，虽然只有七岁的孩子，很快就能接受圣道。

均提沙弥就是前生的狗，因为舍利弗赐给他饮食及说法的恩惠，所以有此善根，愿做舍利弗的沙弥侍者，报答舍利弗。

所谓童真入道，都是有大的善根，在修道的历程中，年龄不是问题，沙弥比丘也不是问题，甚至出家在家也不是问题，接受圣道，觉悟证果，是不论年老与年幼的，或是沙弥与比丘的，均提沙弥幼年时的开悟，就是很好的例子。

悬幡获福

佛陀在迦毗罗卫城中说法的时候，城中有一位长者，财富多得不可计算，刚刚从邻国娶了一位妇人过来。美丽贤惠的妇人，来到城中，听说大圣佛陀在城中说法，心中发起恭敬欢喜的心，想要拜见佛陀的慈容，在心中思忖道："我应该用什么来供养佛陀呢？佛陀的一切饮食衣物，已经俱足了。我应该想些佛陀还没有的供养，才有意义！"

于是，灵机一动，亲手制造一对长幡，来供养佛陀，她说："佛陀！我想这一对幢幡，排在讲堂两边，用以庄严道场，总是好吧！希望佛陀慈悲接受！"

佛陀欢喜地接受下来了。其后，妇人怀孕，满十个月的时候，生下一男孩，端正殊妙，美丽超群。当他出生的这一天，虚空之中，有大幡盖，城中众人见了，非常惊奇，都赞叹这是吉祥光明的征兆。因此，大家都称这小孩为波多迦。

波多迦在父母的抚爱中，渐渐长大，聪明可爱，见者无不欢喜。有一天，他出城游戏，在森林里，遇见佛陀的三十二相八十种好，放出光明如百千日，心中无限欢喜。佛陀见到他在面前恭敬礼拜后，慈和地说道："孩子！你喜欢什么呢？"

“佛陀！我见到你的稀世相貌，人天第一，怎样修习才能获得呢？”

“孩子！心中能断除贪嗔痴，而修习六度十善法，福德圆满的时候，就是相貌庄严成就的时候，人的相貌形态，就是他的业报所感，所以修福修慧，是入道成佛的途径。”

佛陀简单地答复了孩子，但是具有善根的孩子的心中，天真无邪，马上生起诚信欢喜心，回到家中，向父母表示他要出家修行，他的父母因喜爱他，而不愿违逆他的心愿，就把他送到佛前，给他出家做沙门。

剃除须发，披上袈裟的童子，精进修行，不久，得证三明六道，具足八解脱，诸天赞叹，人人敬仰。

童子能够很快地解脱，佛陀当然很欢喜，他对比丘们说道：“从前，有一个国王，名叫槃头末帝，他收取过去古佛的舍利，建造七宝塔来供养。那时候，有一个人见到宝塔，心生欢喜，便做一长幡，悬在塔上，发愿而去，由是功德，九十一劫不堕地狱、畜生、饿鬼。因此，他所在之处，天上人中常有幡盖荫覆其上，享受无上快乐，一直到今天，遇我出家得道，仍然一样，这位悬幡的人，就是出家不久的波多迦童子。”

诸比丘听了这段因缘，无不赞叹欢喜，大家都知道供养佛陀的功德，永不磨灭！

宾头卢

在佛陀的比丘弟子中，有位宾头卢尊者，有一天他行乞到一个城里，在这城中有一位有名的悭贪妇人，名叫母难陀。尊者来到母难陀的家门口，双手捧着钵向母难陀乞食。这位悭贪的母难陀见到尊者到她家中来乞食，非常生气，她只顾锅里正在煎的烧饼，并不理会尊者宾头卢。本来宾头卢尊者也可以再到别家去乞食的，只因为母难陀的悭贪使尊者不忍离开她而去，他的悲愿要化度她转悭贪为施舍心。

宾头卢尊者不管母难陀理不理会他，他仍然如如不动地立在门前，母难陀不时瞅着尊者，实在有点不耐烦，于是就愤怒地说道："你这个出家人，快走开吧，我们这一家是不布施的，就算你站得眼睛脱落出来，我终究是不会给你什么东西吃的。"妇人用尖利的声音这样骂着，大有这一餐就要把她吃穷的样子。

这时候尊者就立刻坐下来，盘着双腿打起坐，入了三昧定。

母难陀看到尊者的动作，转过身，漫不经心地又去煎她的饼去了。

过了一会儿，母难陀知道尊者还没有走，便偷偷地看了尊者一眼，她看尊者坐在那里一动也不动，简直就像死去了一般。母难陀的脸色变了，她着慌了，于是叫了一声："尊者！"可是，仍然没有动静。心想："比丘都是有知识、有德行的人，国王大臣们都非常尊敬他们，要是尊者真的死在我家，那还得了，等一下我就会吃官司了。"她越想越害怕，于是站在尊者面前道："尊者！请你宽恕我的罪过，请你立即回生吧！我要布施了。"母难陀直视着尊者如如不动的身体，似有所求的期待。

尊者慢慢地从三昧定中醒过来，把盘着的两腿放下，然后便肃然地站了起来。

母难陀见尊者复活了，想到刚才自己所说的话，她此时自责为什么刚才要说愿意布施呢？既然说出来了也不得不给，那就给他一个算了吧！

她这样想着，看看那又大又香的饼，实在舍不得，她打了一个主意，将剩下的面粉另外煎了一个最小的饼。可是她万万想不到那么一点的面粉，煎起来的饼偏偏是变了一个又大又香的油饼了。

"施主，最后的饼还是舍不得吗？"宾头卢尊者温和地这样问着。

听了这话的母难陀，更是生气了，她埋怨地说："真讨厌，就给他这个吧！"母难陀的脸色显得很难看，狠狠地就用手抓起了一个饼要递过去，可是非常奇怪，这是怎么搞的呢？她明明只拿一个饼，怎么连着好几个呢？虽然她是舍不得的，但是既连着起来了，也无可奈何，只好把它放进了尊者的钵中。

宾头卢尊者这时以庄严的态度说道："施主！我是不需要吃的，但是昨天有几个来自远方的同道，他们因长途旅行的疲乏，不能出来乞食。施主！我就把这些饼替你分别供养他们。"

听了这话的母难陀，尊者对朋友的热心终于使她感动了，刚才悭吝的云雾，似给明朗的日光照开了。母难陀，很恭敬地对着尊者说："尊者！这里还有许多饼，一起供养你吧！你好与远方来的朋友们一起共餐。"

可是宾头卢尊者摇摇头，怡然地回答说："谢谢你的盛意，这些饼已经够了，今天你的这种喜舍布施的心太令人欢喜了！"

尊者向母难陀说完了这些话，捧起了铁钵，安静地走出了她家。

【警语篇】

烦恼因缘合成此身，
而此五阴，恒以生、
老、病、死、
无量苦恼搒笞众生。

——《百喻经·五人买婢共使作喻》

知足常乐

普安王请了邻国四位国王，问他们道："请问各位，世间上，什么事最快乐？"

甲王："游乐最快乐。"

乙王："和爱人在一起听音乐。"

丙王："拥有万贯家财，一切如意。"

丁王："纵使爱欲之情。"

诸国王各道出自己所认为的快乐。普安王便对他们说道："诸位所说的皆是痛苦之本，忧畏之源，绝不是真正的快乐，所谓乐极生悲，乐为苦薮。我以为唯有信奉佛法，寂静而无求，无欲而能知足，然后证道，这才是世间上第一的快乐！"

所谓佛教，就是快乐之教，三藏十二部，都是告诉人减苦寻乐的方法，可叹世间上的人，都以苦为乐，而不知求得佛法的常乐我净之乐。

甘露水

王舍城有一个婆罗门的孩子，父亲早就去世，由母亲一手养大，他是个极伶俐而聪明的孩子。

有一天，他向母亲问道："爸爸过去每天做什么呢？我想学他。"

母亲很高兴地回答道："你父亲每天都到恒河浸三次水！"

"为什么呢？"他听了有些莫名其妙。

母亲温和地解释道："孩子，你知道恒河的水是最清净的，假若用它来洗净身体，就能像仙人一般获得神通。"

"那是真的吗？妈妈！"他不了解似的说道，"每天从恒河北岸牵牛过河到南岸的牧童们，一天不知浸了多少次的水，但从没有一个人得到神通的。还有，恒河里不是有无数的鱼和乌龟吗？它们整年都在水中，怎么都没有听说它们证道呢？"

"那么照你的意思，应该怎么样呢？"母亲给他问得无话可答，只有再问他。他便从容不迫地答道："亲爱的妈妈！我们身上的污秽，可以用恒河的水洗干净；但心里的污秽，是非要佛陀的法水始能洗得干净啊！"

乌鸦的声音

有一天，一只乌鸦向东方飞去。在途中遇到一只鸽子，大家停下来休息，鸽子就非常关心地问乌鸦道：“乌鸦！你要飞到哪里去？”

乌鸦愤愤地说道：“鸽子！这个地方的人都嫌我的声音不好，所以我想飞到别的地方去。”

鸽子一听，赶快忠告它道：“乌鸦，你飞到别处还是一样有人讨厌你的。自己不改声音，到什么地方都不会受人欢迎。”

怪人、怪环境不好，不肯自己反省修行的人，就和这乌鸦一样，到处惹人讨厌！

吹法螺

没有法螺的城市，有一天来了一个很会吹法螺的人。他吹了各种声音给大家听，大家听了都非常惊奇地说道：“你的声音怎么那样好听？”

“不，那不是我的声音，是法螺的声音。”吹法螺的人连忙否认。

大家不相信似的，走向前用手摸着法螺，叫它赶快出声。法螺怎么会自己出声？天下哪有这种道理？吹法螺的人看到大家不懂，就举起法螺吹了三下，然后开始给他们解释道：“我说法螺会出声，并不是它自然会出声，而是因为我吹它，才发出声来的。

“我们用心的话，不能动的也会使它动起来，不用心，动的也会停止。好像这个法螺，只要吹它，它就发出声音来；假若不吹，它一声也不响了！”

一切事情的成功，必要有合乎它的条件，无论做什么事情，一切要先用心才好！

争饼打赌

桌子上放着三个包子，夫妻两人各吃了一个，还剩下一个。他们开始打赌，看谁先说话，谁就算输了，没有包子吃。于是两个人对坐一天，没有人敢先开口。

到了半夜，小偷进来偷东西，他们眼看着小偷把家里的东西一样一样地拿走，也都不敢做声。小偷看他们都没有出声，胆子越大，竟抓起那妻子的手来，但是那丈夫仍然保持沉默，装着没有看到。这下子可使妻子着急了，她不顾一切，大声叫道："小偷！小偷！"小偷听到这声音，把东西往地下一放跑走了。小偷跑后，妻子怪丈夫说："为了一个包子，连别人侮辱我，你都不叫一声，真是岂有此理?"

丈夫不仅不介意，反而拍着手说道："你先开口，你输了！包子该我吃啦！"

人，有了色，又要望食。为了女色，金钱名誉可以不管，为了饭食，女人可以另姘男人，丈夫甘愿戴绿帽，在这世间上很多，色食之为害大也！

种花为取乐

两个仆人在院子里角力的时候，不小心把主人最喜爱的牡丹花的盆子打坏了。

他们怕主人会生气，赶快去拜托邻家主人替他们谢罪。可是出乎他们的意料，主人竟笑着说："我种牡丹是为了要快乐，并不是要生气呀。"

仆人感他的恩惠，更忠心为他服务了。

"看得破，有得过"，像这位主人，才不会为物所囚。

世间的一切，无一不令人欢喜，无一不令人快乐，烦恼即菩提，这只是在于我们对世间一念的不同看法而已。

言过其实

很多的孩子在一起谈论，有一个孩子说："我的父亲最忠厚，从来不说谎，他说买什么东西给我，马上就有。"

又一个说："我的父亲最好，他从来不吃烟酒，有钱总是买好衣服给我穿。"

其中有一个孩子，听见说人家的父亲好，心里很不服，他就排开众人，大声说："谁的父亲最好？你们可不要乱吹牛，老实告诉你们，我的父亲最好！因为我的父亲从来没有犯过淫！"

众孩子听了不禁大笑问道："你父亲既未犯过淫，你是从哪里来的？"

这个孩子被人一问，弄得哑口无言。

骂人，诽谤人，固然不对，就是乱为人捧场，乱称赞人，言过其实，也是如这儿子称赞父亲不淫一样！

师父的回答

有一位比丘在蒲团上静坐，身旁站立了一位侍者。

门外比丘的两个徒弟在辩论佛法。佛法，是要人离我执的，他们争论着说自己所了解到的佛法才是正确的。

争论的结果，彼此不肯认输，师兄一气之下，走进房内请问静坐着的师父："师父！修行的人，要心无挂碍，不分是非好坏，没有荣辱取舍，这才是功夫，师兄偏说我不对，请问师父，我的说法究竟对不对？"

"你的对！"师父轻轻的温和的回答。

师兄得意扬扬地走到门外，向师弟现出得胜者的姿态，告诉师弟说师父说他的见解是对的。

师弟不服气，他也跑进房中请问师父："师父！修行的人，要心有主宰，分清是非，知道取舍，这才是修行，师兄和我唱反调，怎么师父说他的对？"

"你的对！"师父告诉他后，他也欢欢喜喜地出去了。

比丘身旁的侍者，心中真不解，他向比丘问道："刚才他们两人对修行的看法，对佛法的了解，完全是相反的，怎么这个来问你说对，那个来问你又说对，究竟哪个对呢？"

"是你说得对！"比丘回答侍者！

立刻长大

国王，有了一位千金公主，爱如掌上明珠，但婴儿的成长太慢了，他就唤来他的御医，对御医说道："医生！你可有什么药给我的公主一吃就让她长大吗？"

医者不敢违背国王的命令，只得说道："大王！这种药有是有的，不过要到海外去取，请准我的假，让我到海外去采药。不过，大王！在我去采药的期间，你可不能和公主见面，那药吃了才有效。"

国王承认了，医者就带着公款到各方去游历。

十二年后，医者回来了，带来十二岁的公主，走到国王的面前，十二年了，国王从未见他的女儿，现在一见，大喜说道："你的药真灵验，我的公主现在这么大了！"

但他就没有想到这是十二年后了。

世间上，哪有一蹴就成的事情？不努力，不辛苦，只希望坐享其成，不经过时间的培养，不花若干的代价，到底没有那么便宜的事！要有，就是这位国王希望女儿立刻长大了！

第一首功

战后，太子进谒国王，国王对他说道："可惜，你没有为胜利立功。"

太子流出眼泪以埋怨的口吻说道："父王！你让我防守后方叫我怎样立功？真是遗憾之至！"

"你才十四岁还年轻，何必急于立功？慢慢来吧！"大臣在旁安慰他。

太子不以为然，说道："请问，我会再有一次十四岁吗？"

父王听了很高兴，便称赞他道："你说得对！你这句话就等于首功！"

相依得救

瞎子、聋子、跛子，有一次在一起的时候，房子突然烧起来了。

起初他们都没有人注意到，后来瞎子听到火警的钟声和人们的尖叫，才知道失火了。但是他不知道哪里失火，更不懂得往哪里跑。

跛子听瞎子说，回头一看，糟糕！就是这房子烧了。他想跑，但是跑不动，他怕得直发抖，站都站不住啦。

只有聋子，他还是泰然坐着，一动也不动，他面向外面，根本不知道这家失火了。

火舌渐渐向前面伸出来了。这时正好有一个人跑来，抱跛子给瞎子背，叫聋子牵瞎子走，让跛子指示聋子该往哪里跑，这样他们终于逃离了危险。

各有所用，应该团结，相依才能得救啊！

新娘走路

新娘坐在花轿里，不知是轿子不坚固，还是新娘太重了，到中途轿底忽然掉下来。抬轿的人都慌起来说道："怎么办？这附近没有花轿可以借，如果回去换，路途那么远，请她走吧，她是个新娘，怎么可以呢？"

抬轿的人正在进退两难的时候，新娘就开口说道："你们放心，我有个妙策。"

"什么妙策？"大家异口同声地问。

新娘就很有主张地说道："你们照样抬轿子，我就在轿里走路，你们说这样好不好？"

大家听了都莫名其妙，终于大声笑起来。

我们为什么要坐花轿呢？是为了减少体力的消耗。假若不坐轿而在轿中走路，那么轿子不就变成多余的了吗？

有很多人，执着物质反被物质所用。好像有钱的人，为了怕用钱，所以就做了守财奴。甚至为了钱而把生命都献出去，实在说，和在花轿中走路的新娘一样地傻！

收获

在炎热的夏天，有甲乙商人负着商品，要爬过一座山岭，到那边去出卖。

“唉，以后再也不在这里做生意了。山这样高，假若低一点就好了。”商人甲，擦着满身的汗，气喘喘地对乙说。

“我想的正和你相反，”商人乙笑着回答道，“我想这座山，如能再高几倍就好了。因为这样的话，差不多的商人都会畏难而退，那么剩下我一个人，可以多做些生意了。”

商人甲听了，不觉惭愧起来。

我们做人，希望获得多人一倍的成果，就需超人一倍的勤劳！勤劳和怠惰，是人们成功与失败的关键。

按摩女

夜晚，按摩女正要回去的时候，主人把她叫住，说道：“夜路不好走，你提个灯回去吧。”

“别跟我开玩笑，盲人提灯做什么呢？”按摩女以为主人嘲笑她。

“不，我知道你不要，可是人家会撞到你。”主人连忙解释。

“对了，别人会撞到我。那么就借个灯笼用一下吧！”

按摩女一手提灯，一手持着拐杖，走了约一二里路，忽然和一个人相撞了。按摩女生气地说道：“谁呀！注意走路！”

“唉，你这个瞎子！自己不小心，还要骂人。”那个人非常不高兴。

“你才是瞎子，不然怎么会撞到我，你没有看到灯火吗？”

按摩女把灯笼举起来给他看，其实灯火早就熄了！

一切众生皆有佛性，大家具有和佛陀一样的佛性之光，只因无明烦恼遮住了它。这和盲人提灯一样，不知灯火熄灭，在黑暗中摸索，撞得面青脸肿，不反省回头，还要怪人！

对悭者的说教

有一个悭吝的人，连小钱都不肯花，可是专望讨大利益。有一天他的妻子生了病，他舍不得拿钱请医生买药，所以去请了一位出家人，代为祈祷百病消除。那位出家人就开始给他祈祷道：“远在天边的菩萨呀！请保佑他妻子的病能够好起来；等她的病痊愈的时候，金的灯笼，银的烛台，一定照你们的意旨奉献。南无远在天边的菩萨！南无听不到我祈祷的菩萨！”他随口乱说。

悭吝者听不下去，就阻止他说：“喂！你为什么都请远方的菩萨？附近的菩萨不是比较灵验吗？”

“附近的菩萨知道你悭吝，一定不会相信你的愿心，远方的菩萨听不到，或许不会生你的气，也免得菩萨说我打妄语！”

月亮在看你

某人，家贫，生活很苦。常在夜晚到人家菜园里面偷一点蔬菜充饥。有一天夜里，他带着七岁的男孩，走进人家的菜园，想拔些萝卜带回去。当他拔了三五条萝卜的时候，他的孩子忽然在背后大声呼喊道："哟唷！爸爸！有人在看你！"

他的爸爸大惊，回过头来问道："孩子！人在哪里？"

孩子回答道："爸爸！你瞧，月亮在看着你哩！"

这孩子的一句话，听得他的爸爸发呆了。他放下了手里的萝卜，后悔的心情，使他难过又使他欢喜。他默默地牵着孩子的手回家去了。路上他在想：偷盗是很大的罪业，大概是佛陀的慈悲，假借孩子的口，使我悔悟，使我改过迁善。原来一念的反省，就可以进入正道之门。

真正的美人

有一个青年艺术家，最富审美眼光，他生性爱花。城外大长者的花园，他做梦也想到里面去看看。有一天，大长者知道了他的愿望，就请他到花园里赏花。

这个青年艺术家看花称赞着，觉得世界上没有比花再美丽的东西，正在这时，大长者的二小姐从花丛里经过，艺术家不见则已，一看就惊呆了。他认为二小姐的花容月貌，比不会说话的花儿美得多了，动人得多了。

这个青年艺术家曾听人说过，大长者的二小姐，脾气坏极了，虽然这样，但他仍然觉得二小姐比花儿美。

从此，他的心中，不再爱花，他爱上了大长者的二小姐。

大长者还有一位大小姐，大小姐生得不好看，太胖、太矮，可是谁都知道大小姐是个孝女。

青年艺术家在大长者的家中出出入入，日子久了，他反而觉得大小姐的贤淑娴静，心地纯和，比花、比二小姐都美得多了。

所以，他才觉悟到，花没有人美，人没有心美，心的美才是真正的美！

不让一步

从远方来了一个客人，为了表示欢迎，父亲叫儿子到街上去买酒。儿子去后，父亲等了一点钟，两点钟，儿子仍然不见回来。父亲非常着急就亲自出去看看，到了街上，他看到自己的儿子和一个不相识的人正在马路中间面对面地翻着白眼。父亲以为发生了什么事，便问道："孩子，你在干什么？怎么不赶快回去？"

"爸爸，你听我说，刚才我把酒买好，正要回去的时候遇到这个人。我叫他让路，他不肯，他反而要我让他。可是我不服气，所以一直站在这里，等他让路。"

"哦！原来是这样啊！"父亲不仅不骂儿子，反而鼓励他说道："孩子，你别怕，让爸爸在这里和他拼！不过客人在家里等得太久了，你就拿酒先回去，这里的事情由我来，我站在这里，看他敢再不让路？"

不肯让人一步，难道这样就是胜利吗？

各有其用

我们在这个社会上立身处世，最容易犯的毛病就是把自己看得太好、太高；把别人看得太坏、太低。别人都不如我，别人都没有用。有这样的习惯，最不好；有这样的想法，是大错特错。

我们要知道，世间上没有一人不是人才，没有一人不是我们的良师益友。世间上每一个人都是不能少的，每一个人都有他的用处。你不要以为别人没有用，其实他有大用。有一天，眼睛、鼻子、口，大家在开座谈会，都在和眉毛过不去。眼睛说："眉毛有什么用呢？它凭什么在我们的上面？我眼睛可以看东西，我不看，连走路都不能走。"

鼻子听了也不服，说道："我鼻子可以嗅香知臭，感觉最灵敏，眉毛算什么？它怎么可以在我们的上面？"

口听了也不服，鼓着嘴说道："面容上的五官，我口算是最有用，我不吃东西，谁也活不了。我应该在最上，眉毛最没有用，它在最下才对！"

眼睛、鼻子、口，都向眉毛发出愤怒的吼声。

眉毛听后，慢慢地对眼、鼻、口说道："你们大家说得很对，我确实是没有用的，我就在你们之下吧！"

各位想一想，把眉毛放在眼睛之下，或是鼻子之下，口之下，成什么样子呢？

眼、鼻、口，没有办法，只得又请眉毛在他们之上了！

世间上没有一件没用的东西，人也如此！

种植心田

有一天，佛陀带很多弟子出去托钵，经过田边，有一群农民休息吃饭。佛陀来到农民的面前，默然地拿出钵来，那时中间有一个农夫，以嘲笑的口吻说道："你还再来，你不要天天这样不做事，带着很多的弟子，到处乞食、说教，你为什么不自己耕田？自己播种？用自己收获的米炊饭呢？"

听那农夫的话后，佛陀从容地道："我也耕田、也播种、也种自己的粮。"

农夫听了佛陀的话，诧异地问："你哪里有犁？哪里有牛？耕哪里的田呢？"

佛陀教示他们说："我持了忍辱的牛与精进的锄，把智慧的种子播在社会上一切众生的心田里了。"

求法的精神

印度当初有一名叫善顺的人，想去听佛陀说法，路经险谷山道，被婆罗门捆缚起来，要加以伤害，并说："想求释迦佛法的人都是这样。"

婆罗门用玻璃引太阳的光线烧他，他受了这苦刑，一点也不灰心，也不惧怕，受了数小时之久，快要燃死，但想到求佛法事，因心切意诚，挣断缚在身上的绳索说："来！求正法的我，不怕你们的危害，你们再多的人，我也不怕。"

善顺终于到了给孤独园，听佛陀说法得道了。

没有忍受苦难而且勇敢的精神，怎么能求得佛法呢？

三恶神

凶恶的恶神共有三个，自久远以来就住在这人间界了。这就是有名的贪欲的神，嗔恚的神，愚痴的神。这三神像同盟的好友，约定如何来恼乱这世间上的人。

那贪欲的神，若来戏弄人间，人的喉咙就渴，肚子就饿了。嗔恚的神若来访问，人与人之间就会打架相骂了。愚痴的神若来看你，你就会迷失了方向，好像盲人一样！

有一天，这三恶神一齐来恼乱人间，愚痴神夺了人间的劳动力，人间就不想劳动而游玩过日；贪欲神，让不劳动的人饿肚子；最后嗔恚神出来，人因没有东西吃就争斗起来了！这样一来，人间的世界，好像战场一样，苦叹、哀叫、失意，真是悲惨极了！三恶神见到如此，捧腹大笑，那笑声渐渐大起来的时候，忽有一个圣者道："有什么可笑？恼乱人间还有什么好笑？"

一声叱喝，三恶神见了惊怕逃走了！

吓退三恶神的是什么人？就是佛陀，佛陀出来以后，人间就会减少苦恼。

要紧的事

有一家娶了媳妇，在第三天的早晨，新娘问婆婆说："婆婆，有什么事要做吗？"

婆婆就回答她说："没有什么事。你自己觉得最要紧的事，就去做好了。"

新娘一听，心里就有了主意。她拿起了念珠，到佛堂去念佛。婆婆看了觉得很奇怪，问她道："怎么现在念佛？"

"您说做最要紧的事情，"新娘回答，"我想，来生大事比任何事情都要紧。因此我现在到佛堂来念佛。"

未满二十岁的女孩子尚且如此关心自己的来生，为什么已超过了五十岁的婆婆，还不争取时间来为自己的将来准备一些资粮？

鹦鹉听法

佛陀住世的天竺，不但人民很幸福而得救，鸟兽受佛陀的感化而得救的也不少。

佛陀的弟子须达长者，是努力精进求道的人，不但长者一人如此，他的家庭全部都充满了法喜，过着美满的家庭生活。长者的家里有两只鹦鹉，这鹦鹉非常聪明，能学习人的话，每天早晨起来它们都说："早呵！"

长者请佛陀及其弟子供养时，这鹦鹉也默默地与家人一处听法，听完，它们说："谢谢你！"

有一天阿难尊者来到须达长者的家里，这鹦鹉对阿难尊者说："谢谢你！"

阿难尊者看着这鹦鹉，觉得奇怪，对这鹦鹉说法，鹦鹉听了，又说："谢谢你！"

"这鹦鹉来生必定生在幸福的人家。"阿难尊者说完就走了。后来，这鹦鹉死去——昙摩，修昙摩，二高僧自己说是这两只鹦鹉转生的。

鹦鹉尚知听法，人怎么不如鸟乎？

儿童放生

佛陀住在舍卫城的祇园精舍时，有一次出外的途中，见到许多儿童在水边玩鱼，佛陀问那些儿童道：“孩子！你们怕不怕苦呢？苦对于你们好不好？”

“啊！佛陀！我们很害怕痛苦，苦对我们是不好的。”那些儿童回答。

佛陀听那些儿童的话后说道：“你们恐怖苦，要知道一切有生命的动物都和你们一样地恐怖苦，你们不可把自己的快乐建立在众生的痛苦上！”

那些儿童听佛陀说后，都很乖地把鱼放到水中去了。

孝与慈

佛陀在祇园精舍时召集比丘说法道：“汝等比丘，远离父母、兄弟、姊妹，以及亲族。如果从此再不相顾，各各相弃，这非正道。因为这样外道和异学的徒众将会批评说：‘佛陀的弟子毫厘的慈心都没有，看人的性命如瓦石，没有孝养。’你们如果这样，以后务要改正。如出家做弟子，侍师要好像父母，为师看弟子好像自己的儿子，到死也不舍弃，师与弟子要永劫相慈施恩惠，物质要平分。对于父母亲族，更要常为宣说佛法，劝其修福修慧，如遇患病的人，要常看护，好食给有病之人，不好的自己留用，看病时要如看自己身体一样，我的弟子都应当把这些看作修行。”

善自为之

佛陀在祇园精舍的时候，波斯匿王在宫中问王妃末利夫人道：“夫人！你有比起爱自己更爱的人吗？”

“大王！妾没有比起爱自己更爱的人，大王怎么样？”

“我也是一样，没有比起爱自己更爱的人。”

王与末利夫人一同来到祇树给孤独园，把他们所讲的话告诉佛陀，那时，佛陀教示说：“你们夫妇修学佛道，所讲的话都真实不虚，世间每一个人，都不会找到比起爱自己更爱的人，就是夫妇也不例外。这不但是你们，每个人也都一样。不过，若真是爱自己的话，人即不能害人，不能做与自己无益的事，一定要谨慎地爱护自己。真爱自己的人，在二六时中，常要反省自己，寻求得救之道。不然，还不算是人人都爱自己。”

所以，一个人如果爱自己的话，就应该善自为之。

长者学佛

佛陀有一次想要度化一位长者，有一天，他到长者的门口乞化，长者的家人赶快通知长者，长者一听，当即拿布匹出来布施。佛陀受纳后，走到隔壁时，将草席敷在地上，布匹放在身边就睡着了。长者的家人看见以后，就把这情形报告给长者，长者出来叫醒佛陀说：“我给你的东西，你放在草席上就睡着了，难道你不怕人家拿走吗？”

“噢！这个吗，长者！我睡着的时候，我的东西，不但不是我的，就是我的身躯都没有意识，怎么又能执着于此呢？”佛陀对长老说了佛理后，长者感觉人生不实而发心学佛。

四岁的老翁

波斯匿王出巡时，途中遇着一位白发的老翁，他问老翁道："你今年几岁？"

"四岁"！老翁回答。

"四岁？"波斯匿王惊奇起来。

"是，一点不错，我今年四岁，我现在反悔以前所做的事情，四年前，我才得皈依了佛法，行了四年的佛事，才觉得这四年人生最有意义，所以惭愧，自己想自己只是四岁了。"

"你说得很对！"王听了以后很感动地说。

陷在贪嗔痴无明烦恼的旋涡中，活到一百岁，究有何益？不若做个四岁的老翁，及早回头！

一收十

佛陀有一次乞化时，有一家妇人高兴地把饭盛满在钵中，叩头奉上，佛陀接受了以后说："种一生十，种十生百，种百生千，种千生万，种万生亿，请精进修学佛道。"

佛陀说完，正想离开，那妇人的丈夫听了很怀疑，笑向佛陀道："哪里能这样说，布施了仅仅一钵饭，怎么能得如许的福？"

"不，不要笑，你看过尼拘陀树否？一树茂盛到四五里路，每年落数万斛的果实，那不是一粒果核的收获吗？"

佛陀用这简单的比喻教示了这对夫妻，他们那时开智慧眼证得须陀洹果了。

悭贪，悭贪，人们为什么还不乐意布施呢？

求束缚

一个单身汉没有工作，整日待在家里很是无聊。

有一天到寺院里求菩萨道："慈悲的菩萨，请保佑我有事业可做，赐我财产，赐我名位，因为我是单身汉，假若能施给我一个妻子和两三个孩子我就心满意足了！"

他的祈求终于灵验了，菩萨告诉他："你回去看吧！你所希望的东西统统有了！"

他赶快跑回家一看，果然在家里后面不知何时已建立一所大工厂，里面工人在工作。他又看见客厅里有一个年轻貌美的妻子正在缝衣服，并且在她的旁边还有三个脸孔像自己的孩子在玩耍着。

他看到这情形，心里非常满足。"谢谢菩萨！现在我才像个人了！从明天起我要很早起来工作！"他这样对自己说。

那天晚上，他很早就上床，幻想着将来的幸福而入睡。但因兴奋过度，怎样也睡不着，好不容易，昏睡了一下。第二天早晨公鸡啼声叫醒了他，但无论怎样他也起不来，他的手足都不会动了。

为什么？因为昨天菩萨施给他的事业、财产、名位和妻子儿女等，都变成了束缚的绳子，牢牢地捆缚住他的身体，使他不能自由。

奇怪，人为什么要向菩萨求束缚呢？

要铁舍金

有一个国王召集臣子问道："假使现在要赏金、银、铁的任何一种给你们的话，你们究竟选择哪一种？"

"我要金！"

"我要银！"

大家不是选金，就是选银，但就有一个人要铁。

"怎么？你要铁吗？"国王很意外地问他。

"因为铁可以做锄头等农具，给农夫耕田时使用。并且也可以做盔甲和刀剑等武器来供保国之用。虽然它没有金银一般的美丽，但比较实用。因此我才选了铁！"

国王听了他的话认为很难得，料想将来一定成大器，果真不久他就做了大官。

佛法，不是装饰品，不是给我们谈玄说妙的，我们应该把佛法用到生活中来。弘法者不要自命清高地把佛法比作美丽的金银，而是应该把佛法比作实用的铁。实用的佛法才是大家所需要的呀！

得宝之法

有一个农夫生病将要死的时候，他把三个儿子都叫到身边说道："我要死了，我想告诉你们一件事情：在我们那葡萄园下面埋藏着宝贝，所以我希望你们等我死了之后，轻轻地翻一翻土，把它找出来吧！"

爸爸死后，儿子们各拿着锄头到葡萄园去，到处挖土找宝。结果挖遍了葡萄园，但没有找到宝，但是很意外，葡萄因为他们天天翻土，因此当年的收获超过了往年的数倍。

爸爸所说的宝，就是佛陀所讲的精进了。不精进辛劳，哪有收获呢？

容忍第一

甲乙两家住在不同的城市，但感情非常好。每年甲家必定全家到乙家访问一次，连所养的那只狗也都带去。

但是好景不常在，有一次为了一点事情，彼此伤了感情，访问自然中止了。可是那只狗怎知道这回事，一到那天，照例独自跑到三十里外的乙家，它到达的时候已经傍晚了。

“噢！狗来了，他们的狗来了，他们一定是要和我们和好了，大概他们马上就到了！”乙家的人喜出望外，赶快去准备饭和菜等他们来，然而甲家的人到晚上、到第二天仍然没有来。

乙家的人不放心，跑到甲家一问，始知原来是狗自己跑去的。狗尚且不忘记从前的友情，何况是人呢？他们觉得很惭愧，重新访问，大家欢谈，终于和好如初。

道情友爱是可贵的，不可为了一时的无明气愤而损珍贵的友情。佛法讲容忍，这是交友第一条件！

不偷袭

某国正在等候机会要打邻国的时候，探子回来报告说道："邻国的国王带了十个侍从正要回城，他们好像没有防备的样子，身上都没有武器。"

大将得到这消息，赶快去劝说国王："大王，这是机会！我们乘他不备，把他们的国王杀死。这样，天下不久就会归于您的掌中了！我们准备出兵好吗？"

国王听了只笑笑，动也没有动。

过了一会儿才平静地说："将军！难道我们没有武力吗？为什么要攻人不备？"

"大王！这是机会呀！如果失去今宵的机会，以后恐怕再也没有了！"

国王坚决地说道："用强力再加偷袭的方法而取得天下，这样也不会稳固。我不要以如同打睡鸟一般残忍卑鄙的手段去取天下。我相信自然会有机会的。我一定要平心静气地等到那个时候。"

国王隐忍的德行，感动了大将。所以做人最可耻的就是暗箭伤人。像这位国王，有金刚的威力，也有菩萨的慈悲，不仁不义的机会来了，也不足取。

制面具

过去有一个制造假面具销售的人。

有一天，他的朋友来访问他。一见面就问他道：“你近来的脸色不大好看，到底什么事使你这样生气呢？”

“没有呀！”

“真的吗？”他的朋友好像不能完全相信似的，也就回去了。

经过半年，当他再来的时候：“你今天的脸色特别好，和以前都不一样。有什么高兴的事情吗？”

“没有呀！”他还是这样回答。

他实在想不透朋友的话，“为什么他要那样说呢？”

后来终于给他想通了。原来，半年前他正在做鬼的假面具，做它的时候必须在心里想象咬牙切齿，或怒目相视等凶恶的相貌。因此自然地呈现到脸上来，看起来也就很可怕了。可是近来因为在做很多善人的假面具，心里所想的，只有可爱的笑容，因此脸上自然会显得很柔和。

“心有所思，面有所示。”心里充满了和平、欢喜和感谢的人，他的脸上始终是慈眉善目。反之，变成了恶魔的脸，也都由于他的心所现。

经云：“心如工画师，能画种种物。”心之为力，甚矣！

恶习难改

有一天，在印度海洋上，有一队背着鱼笼从市场赶回家的妇女在路上遇到了一阵大雨。天已经黑了，到家还有两三个小时的路途。正在无可奈何的时候，恰好有一个卖花的主人，请她们在家里过宿。屋内全是花，充满了芬芳的香味。她们劳动了一天，疲倦极了，但躺下来后，无论怎样都睡不着，芬芳的花香反而令她们感到不习惯。雄鸡啼声传来了，而她们始终不能入睡。其中有一个聪明的人，去把鱼笼拿来，放在床头，大家这才安然地睡了一会儿。

五欲的世间，污秽腥臭，大家久处其中，反而以为是快乐。佛法的甘露，极乐的世界，倒不愿投身其中了。这能怪佛法不好吗？

施恩后世

做官的下乡去巡视，看到一位白发老翁弯着腰正在种植松树的幼苗。

“你这位老人家辛苦了！”做官的走近他说。

“噢。”老人看到是做官的人，连忙放下锄头鞠了个躬。

“看来你的年纪已不小了，你种那些幼苗对你有什么用呢？”做官的很是关切的样子。

可是老人很温和而坚决地说道：“人不可光为自己打算，因为这样会对不起众生。像我，并不是希望能看到那些树苗长大，变成大树。你也知道，一棵松树要给人称赞说好大的树，那至少也得经过五十年一百年之久。我现在种这树苗，到了我儿子的时候甚至孙子的时候，自然就有用了。如果所有的人都只管眼前的事而不考虑将来的事情，社会怎么能进步呢？”

做官的听后，若有所悟地道：“你讲得太好了，你说的道理，学者也不及你！我刚才问你那幼苗的话，请你别见笑。总之今天我是受教了！”说罢，轻轻地给他鞠个躬走开了。

佛陀开示我们，把恩惠布施人间，凡事不该全为着自己。我们今日所享受的一切，哪一项不是前人的遗留，为了感念前人之恩，我们应该对后来者有所贡献，因为广大的生命是生生不已，是延续的呀！

无目的的傻瓜

贵族的仆人中，有一个傻瓜。有一天贵族送他一枝拐杖说："假若世界上有一个比你更愚痴的人，你就将这拐杖让给他。因为拿这枝拐杖的人，便是世界第一傻瓜。"

他知道做世界第一傻瓜是一件不名誉的事，因此他极力想要让给别人，但始终找不到一个继承人。

几年之后，主人病倒了，病情很重，已经没有希望了。

"我的病再不能好了，我必须和你们永别，到很远的地方去！"主人绝望地回顾大家说。

这时那个傻瓜仆人冲到主人面前问道："主人，你说要到很远的地方，那是什么地方呢？"

"就是别的世界呀！"

"那个别的世界在哪儿呢？"

"我还没有去过，所以不知道在什么地方。"

"你这一去，大概要几天才能回来呢？"

"大概永久不能回来了！"

"你既然要去旅行，一切东西都准备好了吗？"

"没有，我没有准备什么。"

傻瓜一听到这里，赶快取出拐杖说："今天，我将这枝拐杖奉还给你！因为你要去旅行，而不知道去处，也不晓得住几天，并且一点没有准备。这么没有计划，你说世间上还有人会比你更傻吗？所以我想这枝手杖该还给主人了。”

“生从何来？死归何去？”世间上能有几个人知道？且能有几个不必接受那“世界第一傻瓜”的手杖而去世呢？

吝法者的果报

在南印度，有位迦毗摩罗尊者，这位尊者未皈依佛陀前，是一位外道论师。那时他有弟子三千名，名震全印度。有一次这位尊者，听到西竺十二祖马鸣菩萨说法后，感到佛法的伟大，随后就皈依了佛教，拜马鸣菩萨为师。后来，他继承了马鸣的祖位。

有一天，迦毗摩罗尊者要到远方去做度化的因缘，所以出发向西山走去。晚上，他在途中休息，一条大蟒蛇横卧在路上，因为他心中无物，见到等于没有见到一样。可是这条蟒蛇缠绕了他的身体，他知道蟒蛇定有解脱蛇身的要求，即为它皈依三宝，刚说完了三皈依后，蟒蛇就忽然不见了。

第二天，尊者继续向前走，偶然看见前面有一石洞，他就进洞里休息片刻。在这个时候忽然有一穿白衣的老人从石洞里走出来，向他礼拜后站在一边，尊者问他：“你可以告诉我，你过去的情形吗？”老人说：“以前我是一个比丘，每天快乐而安稳地修行，当时常有初学的人来发问求智慧，我因厌烦于回答他们，起了嗔恚的念头，不知我已犯了重罪。终于堕落为蟒蛇，住在石洞内，已经将有数百年了。恰巧遇到尊者为我说法，从此得救，特来谢恩。”

尊者听后，非常感慨，知法而不弘法的比丘，就有这么不幸的后果！

勇往直前

旷野千里，强风吹袭的旅途上，有一个人向着西方前进，忽然路的两边现出水火两河，白道被夹在中间，仅剩五六寸宽了。

波浪逐渐涌上，似乎要淹没道路；火焰也伸出火舌，好像要吞没他的身体，而且后面又有群贼恶兽迫近，使他进退两难，因为前进或后退，一样会死。

他唯一的希望，是顺着白道向西前进。这时东岸传来声音说："你顺着白道一直走去，那里没有死难，你不可以停留，停留就必死！"

又听到西岸有人在呼唤："你一心正念来吧！我会保佑你！"

后面的群贼也在叫喊："你赶快回来！那是险恶的道路，不能前进，前进了必定会死！"

行者不回顾地一心前进，终于脱离危难，安全抵达西岸，和诸上善人居住在一起。

修行的人贵在坚定志愿，勇往直前，不要犹豫，自有所成！

拘稀罗的改宗

有一天，佛陀暂时离开竹林精舍，登上灵鹫山，入定在豚崛洞。住在这儿的舍利弗的舅父长爪梵志（拘稀罗），听到这个消息，特地前来拜访。他是异教中一位很有名望的仙人，知道外甥舍利弗的改宗，对佛陀的威德就非常向往。这一天，他拜访佛陀的时候对佛陀说："我还没有认识一切！"

"没有认识一切，就已经认识一切了。"佛陀微笑着回答。

长爪梵志给佛陀这一说，没有一句话可以回答，佛陀又说道："肯定一切的人，就是否定一切的人；肯定某一项事物的人，就是否定某项事物的人。肯定一切，很容易被贪欲拘囚起来；否定一切，虽然能够远贪欲，但太固执这个否定，也是一种执着。舍弃一切的肯定与否定，那才是真理的认识。"

长爪梵志听到佛陀这些简要的至理名言，因自己的不足感到十分羞愧，他也很诚挚地做了佛陀的弟子。

跋提解道

在初期出家的诸王子中，跋提是最具有被人尊敬的人格，他对阿那律常说出家之乐实在胜过世界上的一切快乐。佛陀知道以后，问他有什么快乐，跋提回答道："佛陀！我以前住在好像铜墙铁壁的宫中，有很多拿着武器的勇士护卫，但我仍然惧怕怨贼歹徒来伤害我，我时时都对生命产生恐慌和忧虑。可是，我现在即使独自一人，在静静的林中坐禅，心中却有着说不出的愉快。世俗的奢华生活，吃的虽是美味，穿的虽是绫罗，但一点安定都没有。现在的生活，倒可以自由地睡，自由地坐，一点没有不安的感觉。没有忧虑，也没有烦闷，不知不觉中，我因此就常说现在生活的快乐。"

佛陀听后，就非常欢喜地说道："你很有善根，我过去也是和你一样。"

快速的吃法

从前在南印度，有一个人是从北印度搬来的，因为居住久了，就在南印度娶了妻子。

有一天，他的妻子给他煮了饭菜摆在桌上，他一拿起饭就大口地急速吞下，也不管饭菜的炙热，好像一个饥饿了的人抢食一样。他的妻子看了觉得奇怪，后来忍耐不住就对他说道："这里没有人会来抢你所吃的饭，你又没有什么要事，为什么不慢慢儿吃，而要这么急速地吞下去呢？"

于是他回答妻子，微笑道："此中有一个秘密，我不告诉你。"

妻子听了他的话，以为一定有什么特别的道理，就很殷勤地恳求他说出来，起初他不肯，等了许久，他才慢吞吞地说道："我祖先多代以来，都是这样吃法的，过去传下来的不会错，所以到我这一代，也就这样吃了。"

妻子恍然明白，以为这是奇怪的习惯。

现在，有些墨守成规的人，因为积习难改，因此就不辨别善恶利弊，执着于愚昧的习俗，不知舍邪归正，说来也真可怪哩！

空欢喜

过去，有一个很出名的音乐家，国王因为要欣赏他的演技，就请他到宫中来演奏，并且允许给他一千个银钱。

这个音乐家，为得到这么多的报酬，就很高兴地来到宫中演奏。可是当他演奏完毕，向国王索取赏金时，国王却不肯给他，抵赖着说道："你奏乐给我听，不过使我空欢乐一场；我许诺给你银钱，也只是叫你空欢乐一次罢了。"

其实，世间的所谓快乐，无一不是虚妄的，在刹那不停、生灭迁流、无常变幻中，都如水月镜花，哪有真乐，一切不过是空欢乐而已。

共享一婢女

过去，在一个文化很不开化的乡村，有五个女主人，共同出钱买了一个婢女，其中一个女人就对婢女说："你每天要给我洗衣服，不可懒惰，而且要洗得干净。"

另外的四个人知道了，也叫婢女给她们洗衣服，这使得婢女非常为难，没法对付，她想："我就先洗头一个叫我的那人的衣服吧！"

然后再逐个替她们洗。于是，她把头一个人的衣服拿出来洗，但是第二个人见了就大发脾气，骂那婢女道："我同样出了钱买你来工作，怎么可以给她先洗？"

于是，她就打了婢女十鞭，婢女只好给她先洗。但是其他四个人同样发了脾气，同样各打了婢女十鞭，这个可怜的婢女，就这样地无故受屈。

在这世间上做人，还不是和这个婢女一样受着老病死和烦恼的逼迫，每日还不是处处为难。

做人，要远离束缚才好！

自作聪明

过去，有一个人睡到半夜时，忽然对他的儿子说道：“明天早上，我和你到市上去，要拿回一件东西，可别忘了。”

儿子听后，就把它记在心里。第二天，那儿子起身特别早，也不问情由，就独自一个人上市场去。到了市场，他才发现不知道到底要拿什么，所以就在街上荡来荡去，时间久了，很是疲倦，身边又没有带一个钱，不能买些食物充饥，因此，肚子饥饿得非常难受，只得跑回家来问他的父亲。父亲见了非常生气，就责备他说道：“你真是笨人，一点聪明都没有，为什么不等我一下呢？这样空跑一趟有什么用呢？自己白白劳苦，我可没有叫你这样做呀！”

修持佛法，一定要靠明师指点，不能自作聪明，不能盲修瞎炼，否则就会像上面故事中的儿子一样，空跑一趟，徒劳无功了。

所以，做人还是不要太自作聪明才好！

弹琴换牛

过去有一个善于弹琴的人，种种伎乐，无不精通。有一次他愿为一个富翁弹琴，换取一头牛。

哪知富翁只想听他弹琴，不想将牛给他，就说道："你弹琴如果能满一年，昼夜不息，我就给你一头牛。"

弹琴的知道富翁想要赖，回答道："我愿作乐满一年，换牛一头，但必需要你听我作乐，你若不听，你就该给我一头牛。"

双方言定，彼此欢喜，弹琴的就一心努力弹琴，三日三夜，一刻没有休息。开始时，富翁听得津津有味，但时间一久，富翁甚不耐烦，就命家人牵来一头牛说道："你把牛牵去吧！我实在厌听你的声音了。"

弹琴的人因为精进不懈，不用一年，终于获得一头牛。

修道的人也是如此，只要发菩提心，精进弥笃，不必经过数劫，就能获得成功了。

树上睡觉的人

有一个人特地跑到树上去看热闹，结果热闹没有看完，就打起瞌睡来了。他的身体晃了几下，将要掉下的时候，就睁开眼睛看看再睡。这样经过好多次，有人看到就嘲笑道："那个人真傻，在树枝上已经危险，还敢打瞌睡。你看又在晃了!"

"咦！真有人这样傻啊，不怕掉下来吗?"

就在这时恰有一个出家人经过此地，目睹这情形就乘机说法道："各位！我们什么时候会死？大家都不知道，说不定马上就死去。可是有许多人忘记了自己将会死，整日忙看热闹。你说这样不是比那个人更愚痴吗?"

大家听到出家人的话，觉得很惭愧，都跑回家去了。

佛陀说人的生命在呼吸之间，不管老少，无常的风是无时无刻不向你吹来。但是有些人忘记了生死大事而去做利欲名闻的饿鬼；这不是比那树上的人更傻吗?

热心和虚心

《华严经》中说，古时，有一位贤王，鸡鸣的时候就起身，盥洗已毕，先进入佛堂，敬礼圣贤，祠祭祖宗。然后临朝，静听大臣启奏，处理政事后，才进用早膳。

晚间，在王殿中整设宝座，请有智有德的大比丘演说正法。听后，再请问什么是善，什么是恶，什么是正，什么是邪，什么可行，什么应止。

平时，每七天还要集合宿旧智臣，高德隐者，询问国政，请他评其得失。像这样的一位贤王，自然就会内外一心，威伏强邻。

所以，无论何人，热心工作，虚心对人，自会成功！

拜师父

有一次阿难尊者请问佛陀道："佛陀！世间上的人，或者僧俗弟子，常常欢喜轻易其师，今天拜你，明天拜他，以恶意对待自己一度礼拜过的老师，或以恶意对待有德学的人，他们有什么罪过？"

佛陀对这个问题很重视，就譬喻道："阿难！假若有人，用万石的弓弩，射人自身，这样会不会痛呢？"

"佛陀！非常疼痛！"

"若人恶意对待其师或有德有学之人，犹如以弩箭射人自身的痛剧！为人弟子不可轻易其师，或对有德有学之人心存恶意。若人违犯，与谤佛无异。"

现在的人，拜了这个师父，说那个师父的短处；拜了那个师父，又说这个师父的不是。可怜，他们不知已造下弥天大罪了。

香和臭

佛陀和难陀尊者经过一个街市。

在一个卖鱼的商店门口停下来，佛陀对难陀尊者说道："难陀！你到鱼店里去，将铺在腐烂的鱼上的茅草用手摸一摸！"

难陀依照佛陀的话做后，佛陀问道："难陀！你可嗅你的手，看手上有什么气味？"

"佛陀！腥臭难闻！"难陀闻后回答。

佛陀就说教道："难陀！若人亲近恶知识，交恶友，虽然时间短暂，因为恶业染习，他的恶名就会远闻了。"

佛陀和难陀又走到一间香店，对难陀道："难陀！你去店里乞化一个香囊来！"

难陀依教，等难陀回来，佛陀再说道："难陀！你把香囊放下，嗅闻你的手，看有什么气息？"

难陀闻后，笑着说道："佛陀！我的手上，香气微妙。"

佛陀说教道："难陀！若人亲近善知识，常常跟他学习，习染其德，贤名远闻。所以，难陀！你今后要多和舍利弗、目犍连他们在一起，他们的贤德会影响你，使你也有贤德了。"

对于交友，应该要知道他的善恶啊！

蜜蜂的针

蜜蜂送一壶蜜给神，神高兴地说道："谢谢！蜜蜂！现在我也送你一件东西，只要是你喜欢的，我一定如你的愿望！"

蜜蜂考虑了很久以后回答道："尊神！请赏我一根一刺就能把人刺死的锐利的针！"

神听到蜜蜂的要求，内心很不高兴，但又不好表现出生气的样子，因为已经承诺的事情，怎好不履行呢？神因此说道："好的，我就送你那种针。不过有一件事你得注意：就是当你刺人的时候，那根针拔出来以后，你的生命也就完了！"

现在蜜蜂身上的针，就是这个。

有人，见到别人就爱讥讽嘲笑。难道人家没有口？也有人，和人相处，动不动就以老拳相对，难道人家没有手？欺骗人家的结果还是自己没有信用，以怨毒的心对人还是自己心内有鬼！

像蜜蜂的毒针刺人，难道就是它的胜利？

各有第一

有一个地方有两个画师，这二人平常都说自己比别人好，但是二人的实力并没有什么差距。有一天，国王对两个人说："你们两个人哪一个画得好，看你们所画的作品就明白了，你们在此壁上画来看看！"

甲画师在墙壁上经过半年画好，乙画师其时只在磨壁面而已，经过半年，国王带大臣来看甲的画说："非常好！"

再看乙的画，也很称赞，王就说："这个也是很好，比甲还要好些。"

那时乙画师说："国王！我绘的是甲的画反射过来的，我是想什么样的法子把甲的画映在此壁上，我只磨此壁罢了！"

"呀！这样不分上下了！"

此二画师，是佛本生谭内所说，甲画师是神通第一的目犍连，乙画师是智慧第一的舍利弗。

盲人读书

过去有一个盲人，善于按摩的技术，给人按摩不要报酬，但要人家念书给他听，作为代价。每次，他总是用绳子紧紧地捆着双手，集中精神听人家念书。

有一天，主人不解其意，就问道："为什么要把手捆起来呢？"

按摩者回答道："假若两只手都自由的话，蚊子一来咬，就要去赶它。这样子心性就会散乱，不能专心听讲，所以非把两只手都捆起来不可。"

主人听了非常感动，为了听书中的道理，盲人尚且如此努力，有眼的人读书和听讲佛经，如不精进，宁不惭愧！

大慈悲

一个严寒的冬天，有一个流浪者来到一位比丘的禅室，他因受饥寒而发抖。

“你看看也可以知道，我是个穷人，因多年生病，一家人都要饿死了。请你怜悯我，给我一点东西吧！”

比丘非常同情他，但是身边却找不到一样东西可以布施，再三考虑的结果，终于将供奉在正面的如来圣像后面的金光圆圈拆下来送给他道：“拿这去换钱吧！”

弟子们看到这情形，非常惊奇，就以不满的口吻说：“真可惜，为什么要将佛光拆下来？”

“谁在多话，这并不可惜，我不过是依照佛心去做罢了。佛心就是大慈悲心。假若佛陀看到刚才的众生，我相信佛陀一定会把自己的手脚都拆下来救他，何况这仅是佛像的光圈，有什么可惜呢？”

比丘以眼前的话作教材，恳切地教诫弟子。

贫相

有一个看相的人，看过一位比丘的相后说道："比丘！我老实告诉你，你是个贫苦之相，所以你一生必是寒栖寂寞了。"

"那好极了！"比丘不仅没有忧愁，反而笑着说道，"我们出家人本来就应安贫知足，并且也应该如此的，所以贫苦之相正是道业成就的相了。"

有些人喜欢观相占筮，相信命运在天，而抛弃自己的意志和努力，这实在是一件最愚笨的事情。

相贫不足忧，心贫才是可耻的事，大家精进修养吧！

信与不信

弥兰王对那先比丘说道：“佛法里讲：世间上作恶的人，一直到一百岁，如果他命终时，能够一心念佛，则必生净土，这话叫人难以相信；经里又讲，人若杀生一次，必堕地狱，这话我也不相信。”

那先比丘听后，反问道：“请问大王，若有人拿了一块小石头，放在水上，那块石头是浮在水面上呢？还是沉入水里去呢？”

弥兰王回答道：“石头一定会沉入水中去的。”

“假若把大石块放在船上，是不是也会沉没呢？”那先比丘又问。

“不会沉没的。”弥兰王回答。

“那么，大王，我告诉你，”那先比丘解释道，“大石放在船中，因为船的关系，就不能沉没。所以人虽有大恶，只要一时念佛，佛法慈航，自然不会让他堕落，为什么不相信呢？小石块在水中因无船载，所以沉没，如人不信佛法，死后便入地狱，为什么不相信呢？”

弥兰王听后，大喜道：“善哉！善哉！佛法真不可思议也！”

躲避灾难

有一次，波斯匿王去听佛陀说法，佛陀就问道："大王！我问你一个问题，假使现在你有一个亲信的人，奔来告诉你一个消息，说是四大山已快崩裂，将要危害人民，如何躲避才好？"

"佛陀！假若真发生此事，是没有地方可以奔逃躲避的，唯有摄心持戒，助人解脱苦难而已。"

佛陀听了非常欢喜地赞叹道："大王！你说得真对呀！我所讲的即将崩倒的四大山就是指众生的生老病死。生老病死是危脆之身，常来逼人，为求安稳，哪能不修行持戒和布施助人呢？"

人生，业报灾难是躲避不了的，唯有修行了脱生死，才能获得安全哩！

论善恶

犯了弑父之罪的阿阇世王，不知悔过，想一直错下去。

但名医耆婆，总想设法令他改过。

耆婆每以易做的善事劝他去做，但他总回答："这一点区区善事算什么，做了也不会有功德。"

耆婆诚挚地解释道："大王！臣听佛陀说，修一善心，就能破除百种恶事。如同以少分金刚，能破坏须弥山；如同星星之火，可以烧毁一切。虽然少善，其实是大，因为少善可以破除大恶的缘故。"

顽强的阿阇世，终于给耆婆接引皈投佛陀座前去忏悔了。

小善可以灭除大恶，同样的，小恶也可助长大恶。滴水虽微，可以穿石，小小恶念，可以做出惊天动地的恶事，可不慎哉！

黑豆白豆

在波罗奈国有一个居家学佛的人，名叫毱提，生子名叫优波毱提。因为要维持家庭生活，父亲就叫他开设小店贩卖杂物。

其时，有一位耶贳鞆阿罗汉，见到他的店里出售黑的豆子和白的豆子。罗汉就教导优波毱提修行的方法道："你以后以黑白的豆子当筹码，心中生起善念，就下一个白豆；心中生起恶念，就下一个黑豆。如果每天全系白豆，你就可算为善人了。"

优波毱提奉受其教，善恶之念，每以白豆黑豆计算。起初，一天下来，黑豆多，白豆少；渐渐修习，白黑平均；系念不止，就无黑豆，全系白豆。修行正念到了这种地步，善心已盛，他就证得须陀洹初果。

心，不但时时要修，更要念念把持得住，自会有成就。

夫妻打架

有个饼店住着一对夫妻，他们虽然认真做生意，但是常常吵架。一天，两人因为小事情意见不合，吵了后打起架来。

太太尖声叫道：“杀吧！不怕你杀！”

“好！一定杀死你！”丈夫说。

两人打得很厉害，隔壁的老人出来劝他们不要打，老人说道：“真不雅观，外面人山人海在看你们打架，请镇静一点，有什么事我来给你们裁夺好了。”

他们仍是不听，太太说：“杀吧！杀吧！”丈夫说：“今天无论如何不能允许你，不杀不休，你要小心好了。”

老人的劝解不生效果，就走到店前，用两手把店里的糕饼散给群众，夫妻俩看这情形，也不再打架，急忙跑出来说道：“喂！老人！你要做什么？人家买卖的东西……”他张开眼睛瞪着老人，连忙制止老人的手。

老人不客气地说：“你刚才不是说一定要杀死太太，杀死太太后，我想你也不能活在世间，两人都要死了，店里的东西自然不用了，所以特地为你们布施，做点功德超度你们。”

“不行，店里的东西都给人家，我们明天起吃饭要从何来呢？那我们不打架好了！”夫妻二人都这么说。

老人的智慧方便，中止了他们的打架。

因小失大

有一个人，把手里的豆子不慎掉下了一粒，他狼狈地把其余的豆子也抛在地上，连忙去拾掉的那一个豆子。花了很多时间拾到后，再要收拾放在地上的豆子时，正好来了几只鸡鸭，它们把豆子都吃光了。

因为拘泥一件小事，往往忽略大事，因而做事不成功，然后懊悔就来不及了。

自利忘他

从前，海中住有雄雌二大虬。雌虬，因怀孕，想吃猴子肝，终于生病，不能自由自在地在海中游转。雄虬看到这情形，心里非常不忍。但到哪里去找猴子肝呢？它想，如不吃猴子肝，不但胎虬将死，连雌虬的生命也难保。于是雄虬游到海岸边来，它看到有一只猴子正在树上玩，就骗它道："那边的岸上有很多好吃的果子，你就坐在我背上，我带你去。"

"好的，谢谢你！"

猴子不知道被欺骗，就骑在雄虬背上了。雄虬把猴子带到海中央，认为机会难得，就游进水下面去。猴子吓了一跳问："怎么了？为什么要游到水里面去呢？"

"你真傻，当真以为我会把你带到岸那边去吗？实在说，我的雌虬要吃你的肝呢，你逃也逃不了，请将你的肝借用一下吧！"

猴子一听大惊，但仍然装着镇静地说道："呵！你原来要我的肝，你怎么不早说呢？我刚才在树上玩，我的肝放在树上了，假若你要的话，我可以回去取给你。"

雄虬一听，觉得不错，它的目的只是要猴肝，而不是要猴子，因此就又把猴子载回到岸上去。猴子一上岸，急忙爬上树，连一声谢谢也没有，只是说："雄虬！你真傻，谁说离了身体另外有肝呢？你真愚痴至极了。"

猴子的嘲讽，雄虬一点办法也没有。

世间上，大家共同生活，互助合作，这是多么好，但有些人自私自利，为我忘他，其实，最后失败的还是自己！

愚人看门

有一天，主人想到远处旅行。他临走以前，叫仆人到面前来叮咛道：“我有事要到远处，你得好好看家，必须当心门户，并且驴子的绳子也要注意看顾！”说罢，主人就出发了。

看家的仆人，没事可做，觉得非常无聊寂寞。就在这时，从邻家传来了悦耳的音乐，仆人不听则已，一听，他就想过去欣赏那音乐。但他想起主人临走前的嘱咐，犹豫不敢前去。后来他忽然想到一妙策，将驴子的绳子缚在门上，另一端放在驴子的背上，就跑到邻家尽情地听音乐去了。

这时，刚好有小偷从此经过，看他家里没有人，也就毫无顾忌地将家里所有的财物统统偷走了。

过几天，主人回来的时候，看到家里一无所有，知道小偷光顾，就叫来仆人大骂道：“我出门以前，一再地吩咐你，为什么你还跑出去？”

仆人听到这话，不但没有惭愧，反而得意地回答说：“你出去时，叫我看门和驴子的绳子。如今，门和驴子的绳子，还好好的，并没有给人偷去呀！”

“我叫你看门，就是怕家里的财物被人偷去。现在，财物统统给人偷走，仅留一扇门有什么用?”主人非常生气，但是生气已来不及了。

听错了话，做错了事，难道我们就没有吗?

四种马

经上说马有四种。

第一种马，只要看到鞭子的影子，便会跑走。因为它通达马夫的意思，迟、速、左、右，都能适合他的要求。

第二种马，当鞭子刚触到它的尾巴，就能开步跑出，且会随顺马夫的意思，快慢左右自如。

第三种马，却等皮鞭打到它的身上，才能领悟马夫的意思，开始奔跑。

第四种马，则必须将铁锥等刺入它的肤肉内，这才吃惊地奔驰。

其实，我们人也有这四种的分别。

有人只闻圣贤之教或者国家的法律，便能行正道；有的是听到别人犯法而被处罚，就能自己正心戒行；又有些人是看到自己亲族被处罚，才留心自己的行为；但有一种人，则必须亲自被人处刑，始能回心向善。

七个女儿

拘留国有一位婆罗门名叫摩诃密，是豪富之家，国王都拜他为师。摩诃密虽然豪富，但生性悭贪，不信佛法，听到有利可图，无不争先恐后。

摩诃密有七个女儿，个个都是花容柳腰，美貌无比，她们的衣饰都以金银璎珞庄严着。

婆罗门以此骄傲无比，有一个人就对他说道："你将女儿装饰了在街上行走，假若大家都说美丽，我就给你五百两黄金，假若有人批评不美，你就给我五百两黄金。"

婆罗门对女儿的美貌，很有信心，认为有利可得，就叫女儿装扮游行。九十日中，巡游各地，没有一个人不啧啧赞美。婆罗门不以此满足，带了七个女儿到祇园精舍，希望能得到佛陀的一句好话，抬高身价，他对佛陀道："佛陀！你游化各国，你有见过这么美丽的女郎吗？"

他以为佛陀一定也要赞美的，哪知佛陀呵斥道："这七个女人，没有一点可说是美的地方。"

婆罗门非常不乐地说道："拘留国中没有一人说我的女儿貌丑，到舍卫国来，为什么你要说我的女儿丑陋呢？"

佛陀回答道："世间上的人，都是以面容之美为准，而我认为身能不贪细滑，口能不说恶言，意能不起邪念为美。”

婆罗门无话回答，其实，所谓美丽者，佛陀的话才真正为标准。

人命在几间

佛陀问比丘甲道："人命在几间？"

"在数日间！"比丘甲回答。

"你没有知道。"佛陀说后，再问比丘乙道："人命在几间？"

"饭食间！"比丘乙回答。

"你没有知道。"佛陀说后，再转问比丘丙道："人命在几间？"

"人命在呼吸间！"比丘丙回答。

佛陀一听，大喜道："好得很啦！你已经知道了。"

有些人不肯认真学道，总以为生命很长久，天有不测风云，人有旦夕祸福，希望大家及早修行，莫要空过人生。一失人生，万劫难得，可不慎哉？

夫随妇修行

无垢光女，是一个有大善根的人，听了佛陀说法以后，就发了菩提心。那时有七十五位妇女，因为见了无垢光女发心，她们也同时发心。当时舍利弗就问那些妇女道：“你们现在发心修行，你们的丈夫允许吗？”

七十五位妇女答道：“我们曾经问过丈夫一个问题，就是生从何来，死向何去。我们的丈夫无法回答，现在我们再将能不能修行的问题来请问丈夫，他们一定也无法回答，所以我们不必问了。佛陀如我们的父母，是我们尊敬的大师，是我们的福田，佛陀允许就好了。”

这七十五位妇人发心修行后，他们的丈夫找来了。舍利弗将经过向她们的丈夫解释后，这七十五位男人也发愿为佛陀弟子，立志修行。

信佛修行的妇女很多，要能把丈夫也度化过来信佛修行，这才是今日佛教妇女应尽的责任！

四种朋友

蓝达王听信夫人的谗言，不以礼对贤能的大臣孛了，孛就告辞他去。临走时，蓝达王非常懊悔，挽留再三，孛都加以拒绝。孛走时，作了许多临别的赠言，其中一段说道："朋友有四种不可以不知道：有友如华，有友如秤，有友如山，有友如地。

"什么叫作有友如华？花儿好时插头，萎时就会抛弃。有一种朋友，你富贵时他就来依附，你贫贱的时候，他就会舍弃，这就叫作华友。

"什么叫作有友如秤？你高贵他就低头，你贫贱他就对你傲慢，这就叫作秤友。

"什么叫作有友如山？譬如鸟兽集于金山之上，羽毛皆蒙光泽；自己富贵，也能使人光荣，所谓富贵与共，这就叫作山友。

"什么叫作有友如地？百谷财宝，一切分之于友，施给养护，恩厚不薄，这就叫作地友。"

我们和人相处，究竟我们属于哪一种朋友呢？

牛命与人命

过去有一个以屠宰为业的人，养了一千头牛，每日杀一头牛出卖，已经杀了五百头，还有五百头。它们不知死期不远，还在跳腾喧戏，共相抵触。

佛陀刚巧路过此地，见到这种情形，心里非常悯念，就对随侍在身后的弟子们说道:“这些牛真是愚痴，它们的同伴快要尽了，死亡即将临到它们自己，它们非但不警觉，还在游戏哩!”

佛陀说后，注目看看，又再慨叹道:“其实，不但牛如此愚痴，人也如是。譬如牵牛屠市，牛迁一步，则一步走近死地，人得一日，犹如牛的一步，石火电光，大限即将到来，怎能不及早修行，求得解脱呢?”

贪嗔痴

有一位摩伽天子，以偈语问佛陀道："杀何得安眠？杀何得喜乐？杀何等之人，佛陀所赞叹？"

佛陀就杀论杀，亦以偈语问道："若杀嗔恚者，安稳得睡眠；若能杀嗔恚，令人得欢喜；嗔恚毒之本，杀之我所叹；彼杀嗔恚已，长夜无忧患。"

佛陀是戒杀的，但有生命的佛教才主张戒杀，危害生命安全的杀了就不要紧。贪嗔痴是戕害我们慧命的恶贼。因了贪嗔痴，我们不能了脱生死，假若能把贪嗔痴杀除，那我们就算得救了。

爱护身体

弥兰王问那先比丘道："比丘爱不爱自己的身体？"

"比丘不爱自己的身体。"那先比丘回答。

弥兰王进一步问道："比丘既然不爱自己的身体，那么，为什么他们卧得安稳，食得甘美，对于身体护视得那样周到呢？"

那先比丘先反问王道："请问大王，你曾经参加过战争没有？"

"我参加大小战争好多次。"

"在战争中，你曾为刀枪剑戟所伤吗？"

"有过！"

"被刀枪伤了以后怎么办？"

"以膏药棉絮包裹它。"

"那么你是在爱你的疮伤了？"

"不是，我为什么要爱护疮伤？"

"你既不爱护疮伤，为什么要包裹它？关注它？"

"我是为了要疮早愈，不是爱疮。"

经过了这么一问一答以后，那先比丘就说教道："比丘护视身体，也是这样的道理，衣食不是贪求美好，而是为了支使身体，奉行佛法，广度众生啊！”

弥兰王听后，明白了这个道理。有些学道的人，对于那先比丘的话，实在也应该深思奉行。

是真佛法

过去有三个修道的比丘互相谈论，大家以因何得道的问题，你问我，我问你。

比丘甲先说道："我在花园中散步，见到葡萄既大且好，忽见有人前来采摘，葡萄采后，藤叶败坏于地，我见了以后，忽兴无常之感，因此得道。"

比丘乙说道："我在水边徘徊，见到一位妇人在水边洗衣，她手上的臂环相叩，我就觉悟到因缘和合成声，因此得道。"

比丘丙最后说道："我在乡村乞化，见农人在田中播种，另一田中已长出果实，我明白因果实是真理，因此悟道。"

诸法无常，诸法是因缘生，诸法不离因果，所谓佛法者，就是此也！

福慧不双修

离城市很远很远的深山里，有不少的修行人，聚集在那儿，整天就是精勤修行，刻苦用功。他们在一起，各人修各人的道，各人学各人的法门，互不侵犯，互不干涉。这其中，有两个修行人，是师兄弟，他们虽是同一个师父，但修行的方式却各有各的一套。师兄是专门修福，而不重视智慧；师弟是专门修慧，而不重视福德，两个人各执一端。到了后来，那位师兄只管修福，不求智慧，所以到年老还是事理不明，好坏不分。结果，连初果须陀洹果都没有证得，笨头笨脑的像个愚人。再说那个师弟，他和师兄完全不一样，他认为智慧重要，智慧好像人的眼睛，失去眼睛的人，走起路来一定很危险，修行的人，假若没有智慧，往往会走错了方向。由于他一心一意地勤求智慧，所以也就疏忽了福德的重要性。到了后来，因他精进修持，结果证得了罗汉果。这时候他的师兄已经年老死了，于是想自己一个人进城去，在人群中教化众生，修慧而不重福的他，走在城市里，没有一个人肯供养。因平时不修福，哪有受人供养和恭敬的福报呢？虽然他向群众说自己已是证果的罗汉，但大家仍然不理。

师弟虽然是证果的罗汉，但肚子饥饿时，对于大家不肯供养他，就有些怨怪。

有一天，他想去责问国王，他的臣民，为什么连证果的罗汉都不知供养。他来到王宫，在辉煌的宫殿门口，忽然看见一只白象，身上披戴着很多璎珞及宝珠，叮叮当当地在那儿，走来走去，显得很安然自在。当他入定观察以后，才发现原来这头白象，是他那位专修福德的师兄转世的。由于他过去专修福而不修慧，所以，今生虽生于王宫，但只是一头无知的象而已。

已证罗汉果的师弟，看到这种情形，若有所悟地感叹道："修福不修慧，大象披璎珞；修慧不修福，罗汉应供薄。"

佛陀告诉我们说：福德和智慧，一样的重要。要成为佛陀，必须福慧具备，所以说：佛陀是两足尊，即福德与智慧都具足的最尊最贵的人。

十二头猪

十二头猪涉水过河。到了彼岸的时候，最年长的猪队长，开始点数，唯恐有遗漏的。

“一头、两头、三头……”无论怎么算，总是少一头。

“奇怪，在没有过河以前明明有十二头的，难道一头被水冲掉，不知是不是？你们帮忙算一算好不好？”

猪子们听队长这么一说，都来数了，但是数来数去，都是十一头。

旁边有一个人见到它们这样就笑起来。

猪子骂道：“你笑什么？人家在着急，你不帮忙，还在笑！”

那个人说道：“你们明明是十二头，因为你们只用眼睛看人，不看自己，所以数来数去，只有十一头了。”

世间上的人，两个眼睛只看到别人的错误，这个不好，那个不是，为什么不知道自己呢？

采真珠

商人到海中采到许多真珠，回家的途中，遇上台风，船翻了，辛辛苦苦得来的真珠，一股脑儿倒到海底去了。

商人悲伤失望之余，决心设法取回那些真珠，于是把船划到岸上，拿了水勺拼命汲取海水。他准备将大海的水统统汲干，以便拾回真珠。

海神见此情形，问他为什么。商人回答说："我辛苦得来的真珠，因遇台风，船翻而统统沉到海里去了。所以我想把海水汲干，然后来找真珠。"

海神闻言，哈哈大笑道："世间上虽有很多愚痴的人，但总不会有比你更傻的。你以为用那样小的水勺，可以汲干这大海的水吗？真好笑！"

商人看海神这样嘲笑他，大发脾气道："你到底是什么人？你是来打扰我的工作的吧！我能不能汲干海水，与你何关？我又不求你帮忙，你管我干嘛？"

商人说后，仍继续汲他的水。看到这情况的海神，心里非常感动，想到："像他这样热心而又有坚定的意志，凡事没有不能成就的。"也就现神通到海底将商人所失的真珠全部拾起来送给商人道："千万不要忘记你刚才所说的话，精进努力，凡事要刻苦耐劳才好！"

黄金害死人

有一批人，移住一荒岛。上陆后，正预备开垦土壤，种植谷物的时候，忽然发现岛中有无数的黄金。于是大家都放弃种植而从事采金。

时间过得真快，春天已过，夏天到了。播种的时节早已过去了。但是，他们仍然只顾掘金而不回顾任何事情。

虽然大家这时都变成了大富翁，但是秋天到来，他们所带来的粮食，一天比一天少，在岛上又收不到半粒谷子。因此到冬天的时候，粮食完全吃光，所有的人都饿死在黄金中。

贪财的人应该觉悟，黄金多了，难道能当饱吗？

一块臭肉

有一只乌鸦，衔了一块臭肉，在途中休息。后面忽然飞来很多鹰，都来争抢乌鸦的那块臭肉。

乌鸦生气地骂道：“这是我辛苦得来的，你们为什么抢？”

“利益大家均分，为什么你可独得？”鹰也凶狠地反问。

两边互不相让，结果就打起架来。这时，正好佛陀带领弟子们路过此地，弟子们见了就慨叹地说道：“真可怜，一块臭肉，有什么了不起，也要争成这个样子！看情形，它们必定争到同归于尽才罢休！”

佛陀听了弟子们的话，也严肃地说道：“这世间的财宝，在圣者的眼中看来，就如这块臭肉一样，但大家争抢得谁也不让谁。我的法到了末法的时代，对于圣道很少修持，僧俗弟子，为了产业争夺，不就如这些鹰争夺这块臭肉一样吗？”

好话坏话

佛陀的弟子罗卢陀维，相传他谈话之际，不知道言语的适当与否，如“在此种情形下应说这种话，在那种情形下不应说那种话”之类。因此，在喜庆之时却说不吉利的话；反之，在有凶事时却说庆典的祝贺词。因为罗卢陀维的胡言乱语，常在大庭广众下闹出笑话，施主们常因他而感到烦恼。

他出言吐语，不是搬弄是非，就是说人的坏话。有人问他道：“你为什么总爱讲人的闲话呢？”

他回答得非常妙，他说：“每个人都有一张口，不是吃饭就是说话。”

口是说话的不错，但为什么不说好话要说坏话呢？

在十恶中，身犯杀盗淫三恶，意犯贪嗔痴三恶，唯有口犯恶口、妄语、两舌、绮语四恶。

要得口不犯恶，佛陀在《须摩提经》里叫人应说四种话：

第一、不传说恶言，不挑拨离间；

第二、要指导愚人，令他向善；

第三、遇有谤佛者，要解说纠正；

第四、说善言爱语，令趋向佛道。

病从口入，祸从口出，不会说话的人，还是少说话为好。

头的贵贱

阿育王信佛虔诚，遇到比丘总要顶礼，他的大臣们对他说道：“大王，你是一国的主宰，尊严无比，为什么看到比丘就顶礼，难道大王的头那么不宝贵吗？”

阿育王听了后，就叫人杀了一头猪，把猪头拿到市场去卖。这猪头卖了五十两银子，并且很快卖出去。过不多日，阿育王又叫人拿了一个死囚的人头到市场去卖，他嘱咐差人说卖头的时候，要说这是阿育王的头。

“阿育王的头，卖十两银子。”那个差人在市场高声的叫卖。

众人听了吓得都跑回家，赶紧把门关上。差人把人头带回来，说明卖不出去的原因。阿育王就对大臣们说道：“你们看，一个猪头可以卖五十两银子，说明是我的头连十两银子都没人要。你们说我的头尊贵无比，这样看来，尊贵在哪里呢？”

大臣无话可说，他们这才明白，向佛陀顶礼的头才尊贵无比。不顶礼，没有恭敬心，那个头也就不值钱了。

一个死字

有一位比丘修行，心常为外境牵动，佛陀就告诉他修行的方法道："比丘啊！你在修行时，心易散乱，都是把'死'没有放在心头，假使你知道人生无常，一切声色外境都不能诱惑你了。"

佛陀的话，给一位国王听到，国王心想，只要记得一个"死"字，就不会被声色外境所动，哪有这么简单，因此他就想来试试。

正巧，国中有一个人诽谤比丘，那人说："比丘也是人，身虽出家，难道心就不贪恋五欲之乐吗？"

国王就把他捉来，说他侮辱圣者，要处以死刑。要得免罪，要他拿一钵满满的蜜，周游街市一圈，如果一滴都不滴出来，就赦免他，否则，死罪难饶。

国王事先在街市路旁，布置了许多音乐歌舞，那悦耳的琴声，那如云的美女，无不动人心魄。

罪人拿了一钵蜜，因为心中有个死字，一心不二，不敢把蜜滴一点到外面来。就这样，他走完了全街，国王问道："在街上你有听到什么声音吗？"

"没有！"罪人回答。

“你有看见什么人吗？”

“没有！”

“街上的音乐舞伎，你为什么没有听到、没有看到呢？”

“启禀大王，我手中拿了那么满满一钵的蜜，滴一滴出来就要死，把死记在心中就不知道外境有什么了。”

国王一听，若有所悟地说道：“佛陀说得不错，把‘死’放在心头，知道人生无常，一切声色就都不能诱惑了。比丘是人，因为心中知道世事虚幻，哪里会贪恋五欲呢。你为什么毁谤圣者？”

那个人深深感悟，不敢再说。

不懂佛法的人，总爱任意毁谤比丘，其实，错了的还是他们自己！

小儿吃糖

有一个乳母，抱了一个小孩子出去玩，因为玩的时间过久，不知不觉就在路上睡着了。

恰巧，这时有一个骗子走来，拿了一块糖给小孩子吃。小孩子得糖，非常喜欢那个人，身上的金项圈和金手镯都给那个骗子骗去了。

我们知道这回事，不要光笑这个小儿的愚痴，就是很多修道的人，因为贪图世俗的小利，净戒功德的财宝，被五欲尘劳的盗贼劫去了，这不是一样的可惜吗？

一鼠四猫

一个富翁的太太，对金钱非常爱惜，爱惜金钱的那种程度真有点过分了。富翁家有四亿财产藏在宝库中，每天，太太都要点数一次，看金钱为娱乐。后来富翁死了，家中的一切人也都死了，他太太因对金钱的爱着之心过于深的缘故，死后投生为鼠，栖居在宝物库下。以后，这村子也消失了，变成一片废墟。

一天，有一位石匠经过这片无人居住的废墟，找到宝库旁边的一块宝石，正凿着雕刻，给那老鼠看见了，老鼠对这石匠有很好的印象，它想道："我虽然有这许多宝物财产，可惜的是我并不能使用分毫，这样子拖下去，这些金钱一定会损失的，不如现在我去依靠这个人，因他的关系，我趁机享受一番不好吗？"

有一天，老鼠口中衔着一枚金币，石匠很温和地对它说："你衔了金币来，有什么事吗？"

"是的，我把这块金币给你使用，请你帮我，给我一片肉吃。"

石匠听了，心想这是一项功少利多的生意，谁不乐意而为呢？遂答应了下来。就这样，老鼠每天给他一枚金币，同时它也得到一片肉吃。这交易持续了有一段时期。

有一天，老鼠衔着肉，正要回去的时候，不巧遇到一只猫，于是老鼠被猫捕住了。

老鼠说："吃我是不行的呀！"

"为什么不行？我肚子饿得正紧呢！吃了你，正好充我一顿美餐。"

"你的美餐，是一顿的事，还是每天的事？"

"当然是每天的事了。"

"那么，你放了我，每天我都给你送上一块肉，好不好？"

猫一想，也是一个办法，就放了它。从那天开始，老鼠得到肉时，便把它分成两份，一份给猫吃，一份留给自己享用。这样又过了一段平安无事的生活。

可是，有一天，老鼠被另一只猫捕住了，它以从前的方法哀求猫放走它。从此，老鼠便把所得的肉分成三等份来吃。继之又被另一只猫捕住，老鼠又以同样的条件求得活命，它每天得到的肉分成四等份。后来又来了一只猫，老鼠又以同样的条件而获释，以后便把肉分成五等份来吃。

自从把肉分成五等份以后，老鼠因食物不足，身体衰弱，肉瘦血减了。

贪财、储藏、取巧，不管怎样，金钱总不是自己的。有财，就会有人来瓜分，对五家所共有的金钱，为什么还要那么贪执呢？

数金银

有一个贫人，走在路上，拾得一包金银，大块小块的，他欢喜得连忙在数，看究竟有多少。

哪知他还没有数完，失主走来，又讨回去了。

贫人非常懊悔，心想："假使我不急忙数钱，我已走远了，失主一定不会把金银讨去。"

别人的金银，应该是别人的，给人讨回去，这为什么要懊悔呢？想发意外之财，这就是每个人的心理！自己得到利益，忘记别人的痛苦，这是多么自私啊！

三魔女

有一次佛陀于讲经说法结束时，因许多比丘对三魔女诱惑佛陀有不解的地方，因此，佛陀就以这因缘说出下面的一段前生因缘来。

波罗奈国的得叉尸罗城外，住着一位学识高深的年轻人，这年轻人有很好的修养，待人接物都彬彬有礼，他的谈吐文雅，仪表庄严，得叉尸罗的市民对他真是恭敬到极点。

因城主新近别世，市民都为失去领导而悲恸。一个大城，没有了主人，几天还可以，长此下去，秩序如何维持？民心如何安定？伤感后的市民，忽然想到了住在城外的年轻人，他们认为只要他来领导全城的政治，一定能比先城主还好。于是发动全城市民，浩浩荡荡来到年轻人的住所。

年轻人并没有很快就接受下那城主的大权，经市民们一再地要求，看到他们那哀伤的情形，年轻人也感动了，他答应说等过了明年再行接任。

市民看到年轻人承诺下来，满心欢喜，即刻归城。

年初，全城市民并不为新年而快乐，他们把得叉尸罗城装饰得似帝释的天宫一般，他们为迎接新主而欢腾。

年轻人被迎入城内来，宫门的楼阁上有纯白的天盖，镶着宝石的玉座，这时的他，俨然是天王就位。又有大臣、婆罗门、刹帝利的王子，身上穿着种种华美的衣服，围绕在四周向他祝贺。一万六千个美若天女的舞妓，都是跳舞、歌咏、音乐的名手，熟练最上的游艺，她们一齐唱歌、跳舞、奏乐，宫城中充满了欢呼的响声，宛如海上雷鸣。

处在这境界中，谁不为这声色所陶醉呢？年轻人却另有看法，他面对那隆重的祝典，心中有着过深的烦恼，他想：“今天的这份光荣，是从何而来，还不是全城市民们的爱戴与拥护所致。如果我为这些天女所诱惑，则我是自取灭亡，这份光荣便要失掉了，对我名誉的损坏是无可收拾的。我必得遵守往昔如来的训诫，不去看她们吧！”

年轻人有着常人所不及的大定力，这是他修行的成就。

佛陀告诉比丘说：“那年轻人并非别人，即是现在的我。在前世我就有那份定力破除外来声色的侵扰，今生的三魔女又怎能破坏到我？要知道，只要是能够加害我们的一切外来力量，这都是所谓魔，修行人最怕的是魔，但最欢迎的也是魔。魔能障碍修行人的道业，但也是修行人的增上缘，魔是修行人的考验者，不被魔所难倒，战胜魔难，这就是修行人的成功了。”

挖眼睛

有一个女人，患了眼病，日夜呻吟、痛苦不堪。另外一个女人见了，就非常害怕。心想："见人眼痛的苦楚，如自身遭受一样，如果我的眼睛真害起病来，那怎么办呢？还不如先把我的眼睛挖去吧！"

她正要挖去眼睛的时候，别人见了就对她说道："你既有眼睛，为什么要挖去呢？"

"我怕我的眼睛害起病来，所以挖去。"

"你真傻，眼睛害不害病是不一定的，就是害起来，不用几天也会好的。如果你把眼睛挖去，变成瞎子，那你就痛苦一生了。"

不能忍耐小苦，因此而甘愿换来大苦，这样愚痴的人多得是，想想也真可怜！

诸法因缘生

舍利弗尊者在没有皈依佛陀以前，是一位外道的领袖。有一天他走在街上，见到阿舍婆誓，他见他那威仪静肃的风度，一看就知道他不是一位普通的修道者。舍利弗带着一股好奇的心情，很有礼貌地询问道："请问你这位修道者，你是住在什么地方？什么人是你的老师？你的老师向你们说些什么？"

阿舍婆誓谦虚地答道："我住在竹林精舍，是释种出生的佛陀的弟子，我的老师是具有一切智慧的人天大导师。我出家的时间不久，还不能完全领受，所以我不能宣说老师的甚深微妙的法理。不过，我可凭着我浅智所学的一二，大略地回答你一些。我的老师常说'诸法因缘生，诸法因缘灭'。又说：'诸行无常，是生减法，生灭灭已，寂灭为乐。'"

阿舍婆誓这样简单地说了佛陀的两句法语，听在聪慧的婆罗门的舍利弗的耳中，像有一轮光芒万丈的慧日，把他心中一切的疑云驱散。

舍利弗心中想着，他常修行考察，以为一切因及无因，虽然都是无所作，但那是由于自在天的意思而形成。今天从佛陀弟子的口中，听到因缘法，明白到一切诸法不是人作，也不是天作，而是从因缘而生，也是从因缘而灭。这因缘启示他“无我”的智慧，断除他微细的烦恼。他越想越觉得佛陀真是伟大。自己多年的苦修，实在是无益的，真理之光，好像今天从阿舍婆誓的口中才能见到。

井里的老虎

森林中住了一只老虎，自己称王。它下令兽类每天要送给它肉食。

三个月后，森林中许多兽类，都被它吃得快完了。那时剩下的兽类都战战兢兢的，开起群兽会议，商量如何对治那只老虎。

这时被誉为才子的兔子，出来对大众说道："诸位，我有一个妙计，可以驱逐那只老虎。明天就让我去吧！"

于是，大家决定第二天的早餐，要送兔子给老虎吃。

老虎每天早晨，都是日出进餐。这一天，它也照常在等候着，但一直等到日已正中，兔子才到了老虎处。老虎非常生气道："好大胆的家伙！为什么到这时候才来？"

兔子完全没有畏惧的样子说道："大王，请你原谅我吧！早上我到这里来的途中，路旁的井里有一只像大王一样的王，抓住我，不放我走。我对它种种的哀求，这才请到一时的假，到大王这里来。因为这个缘故，我才迟到了。请大王宽谅吧！"

老虎一听，大为光火，说道："什么？另外还有王？那个井到底在什么地方？"

“是的，它正是在井里面。我就带大王去看吧！”

兔子领老虎来到有井的地方告诉它：“大王！就在这井里！”

“我看！”

老虎向井里一探，果真里面有如自己一样的大老虎在怒视它，它就不顾一切地猛然跳下去，想和另一只老虎其实是它的影子搏斗。

残暴的老虎，因为傲慢自大，不肯输给人，所以溺死于井中。不肯在人之下，难道就会胜利吗？你看骄傲者的下场，往往就是如此！

鸟王成佛

在一座繁茂的森林里，一只百鸟之王带领着一群鸟类居住在一株枝叶扶疏的大树上。因为树身庞大，树干伸展到很远的地方去，树干的下面有一个大湖，鸟栖宿在湖上边的枝头上，因此常将粪落到湖面上去。

大湖的水底居住着一条名叫犍陀的龙王，因为水面上时常沉下鸟粪，异常愤怒，它想："这些没有礼貌的鸟类，把那难闻的粪落到我的住处来，要它们自动退出，搬移别处，一定不可能。现在，我来兴灾一阵，它们住不了，就会搬走了。"

夜半的时候，龙王将湖面燃起火，黑烟冲上天空，鸟类们被焚得受不了。鸟王警告大家赶快搬走，于是一群鸟都跟鸟王飞走了，湖面又恢复了原来的平静。

鸟王带领它的鸟民到远地去，在那里过着安乐的生活。后来，鸟王经过几世的修行，终于投生为人类，又经过数大阿僧祇劫，修行证果而为佛陀，那群跟随他的鸟类们也就是当时佛陀座下的一群比丘圣众。

大地众生皆有佛性，鸟都能修行证果，何况我们所谓万物之灵的人呢？

医驼背

有一个人，为了要修福做布施，不惜一切手段，用种种欺骗敲诈的方法，获得不正当的金钱，以为用这样的钱去做福布施，就有很大的功德了。

佛陀知道后，就给弟子们说了一个比喻道："有一个驼背的人，请医生医治。医生想不出来医治驼背的方法，就用两个木板把他夹在中间，用力来压，希望把他压平压直。结果，两只眼珠子都压出来了，而他的驼背仍旧没有医好。

"用不正当的手段取得金钱布施，其实是在造业，增加苦报，就如想把驼背医直了的人一样。"

妄求

每个人自己造下恶事时，总希望祈求诸佛菩萨保佑他不致堕落沉沦，这就等于祈求道："石头呀！石头呀！你不能沉下水去呀！"

自己造的罪业，自己不受，好比希望石头不沉入水中去，这样能够吗？

有些人见到他人享受福乐时，心中总是生起嫉妒，或是自己不喜欢的人，很爱诅咒他，希望那个人赶快倒霉才好，这就等于祈求道："油呀！油呀！赶快沉下去吧！"

油是浮在水面上的，你希望它沉就能沉下去吗？

所以，对诸佛菩萨不可妄求，每个人，自己的行为要自己负责。诸佛菩萨是会保佑我们的，但诸佛菩萨不会满足我们的妄求！

火宅门

有位年老的长者，拥有无数的财产和田宅，还有许多的僮仆们。

长者的家，虽然宽大无比，但仅有一个门。所以每当附近起火的时候，他都很担心。他想："我的儿子们都在屋子里，如果大火到时，我自己可以安稳地逃出，但孩子们呢？他们在火宅内游戏玩乐，不知道房子已被大火包围，毫无恐惧地仍在室内玩着，也不想出门。那怎么办呢？"

长者可怜孩子们的无知，告诉他们大火的可怕，以善言劝解他们赶快离开火宅，可是小孩子们完全无动于衷，专心在玩耍。

长者看到这情形，赶快想办法说道："这里有你们最喜欢的，而且平常也不容易得到的珍贵的东西。若不赶快来拿的话，就没有了，在门外有羊车、鹿车、牛车等种种车子在等你们，你们赶快到门外来坐吧。随你们喜欢什么，可以尽情地取，尽情地玩。"

孩子们一听这话，都争先恐后地随长者跑出来说道："爸爸！羊车、鹿车、牛车在哪里呢？我们要坐！"

于是长者才慢慢解释给他们听："我是个大富翁，那些下贱的车子，我不能让你们坐。你们都是我的爱子，我对于你们没有丝毫的偏爱。说句老实话，我有七宝做成的大车子，无数的多，给全国人民一人一辆尚有余数，何况自己的爱子，我将不偏心地送你们各一辆吧！”

孩子们得到了七宝之车，又获得无数的从前做梦也没有想到的各种珍宝，比在家时玩得更开心，也更欢喜了。那七宝之车就是佛陀给我们成佛的法宝。

有德不在年高

波斯匿王还没有信佛前，带领百官大臣，驾临祇园精舍拜访佛陀。

波斯匿王见到佛陀的时候就说道：“听说你是一位大觉大悟的佛陀，这是不会错的。不过我真不懂，很多的修道者，他们在深山丛林之中长住数十寒暑，直到衰老之年，尚且不能觉悟，你的年龄这么年轻，你也不过三十多岁吧，你怎么就能证得正觉呢？而且你更不是婆罗门。”

佛陀慈悲而又有力地回答道：“大王！很多人都欢喜蔑视年轻的人，这是一个很不好的习气。世间上有四事不能轻视：一是年幼的王子，二是初生的小龙，三是星星之火，四是年轻的僧侣。因为王子虽幼，将来他长大时可以做统治国家的大王；小龙虽小，但它很快就可以成为大龙，而且大龙也隐身在小龙之中；星星之火虽小，但可以燎原，森林、都市，不都是星星之火能燃烧的吗？僧侣，只要心能清净，守护道业，抱有救度众生的弘愿与精神，是不分贵贱，不论老幼，是谁都能得到无上的正觉。对着觉悟的人，对着究竟的真理之前，或轻视或恶口，获罪是很重的，这要忏悔才能灭除这深重之罪。”

过去从没有敢对波斯匿王直言的人，他是一位个性很强很固执的大王。听佛陀这么一说，他的心好像受了很强的震动，在有特殊威神力的佛陀之前，终于压倒贡高我慢的波斯匿王。

“佛陀！我是不懂什么，请你指教我一些道理！”波斯匿王惭愧似的、抱歉似的嗫嚅着说。

除了真理以外，不恐惧其他威力的佛陀，用静静的威严慑服波斯匿王。佛陀沉默一会儿，对他开示很多的佛理。

平等之光

佛陀的弟子中，有名叫婆悉吒的人，他们本是婆罗门的种姓，一向认为是特殊的阶级，有一天佛陀就问他们道："你们从前是婆罗门的种姓，现在对我的正法有着坚固的信心，跟随我出家学道以来，婆罗门种姓的人，有谴责你们吗？他们谴责你们的是哪一点？"

婆悉吒当即答道："对啦！佛陀，他们谴责的非常厉害！他们说婆罗门是第一尊贵的人种，是从梵天的口中生出来，别的人种都是下劣的，他们怪我们舍去清净的人种而加入佛陀的教团之中。"

佛陀像早就知道这些事，他心平气和地解释道："婆悉吒！目前社会上所分的种族阶级，有婆罗门、刹帝利、吠舍、首陀罗的不同，在职业上说，有政治、宗教、实业、劳工的分类工作。这本无可厚非，但是要以形成阶级，解说人种的优劣，却是绝对的错误。无论哪一种，都是有善也有恶的。比方刹帝利种姓当中，杀生、偷盗、邪淫、诈伪、恶口、两舌、贪欲、嫉妒、嗔恚、邪见，行这些恶业的人甚多。婆罗门、吠舍、首陀罗之中，行这恶业的也不少。不善的行为，有不善的果报，虽说是婆罗门种，也不能避免这因果的定律。

假若说，婆罗门中没有行此恶业的人，说他是第一人种倒也可以，但是，事实并非如此。种善的因，有善的果，这不限于婆罗门，什么种族都是一样。

“你们看，现在的婆罗门，和古代的已不一样。他们娶妻生子，和常人没有什么不同，他们说是梵种，说是梵天口中生出来的，这叫作妄语。

“婆悉吒！你们要知道，无论哪一种姓，剃除须发，穿着法服，精进修道，都可以成就圣果，成就圣果的叫阿罗汉，阿罗汉才是清白的！第一的！”

佛陀四姓平等的主张，生佛一如的理想，像万道金光，照得外魔胆战心惊，这更加重他们陷害佛陀的决心。由婆罗门而来皈依出家的婆悉吒等，听闻佛陀的法音，欢喜信受，当然鼓着更大的勇气，迈向正道真理的前程。

互相毁谤

甲修道者，是一位修学大乘的佛教学者，但他喜欢排斥小乘；乙修道者，是一位研究小乘的佛教学者，但他也最喜欢攻击大乘。

像这样的兄弟阋墙之争，受害的还是大家所信奉的大圣佛陀。

比如过去有一个老师，他有两个学生，这两个学生对老师的学识非常钦佩。老师的两脚有病，时常麻木，总是叫两个学生不时地替他按摩，规定是每人按摩一只脚。不料时间一久，两个学生成了冤家，你说我不好，我说你不是。有一天学生甲出去有事了，学生乙认为机会难得，就把学生甲所按摩的脚，一气之下用石头敲断了。学生甲从外回来，一见之下，非常生气，为了报复起见，也立刻把学生乙所按摩的脚也用石头敲断了。

甲乙二学生意气之争，受害的还是老师。

今日参禅者毁谤念佛的人，念佛的人毁谤参禅者，他们逞一时之快，自以为是，其实还是害了佛教！

最苦与最乐

佛陀常常说明涅槃的快乐。

有一次，有五百名外道前来问难道："佛陀！你现在有没有涅槃？"

"没有！"佛陀回答。

"你既没有涅槃，为什么常常说涅槃之乐，你怎么知道呢？"

"我现在请问你们大家，世间上的一切众生，究竟是苦呢，还是乐呢？"佛陀反问五百外道。

"众生在世间上生活是苦多乐少。"

"什么最苦？"

"老病死亡最苦！"

"你们现在既未到老病的阶段，也没有到死亡的时候，你们怎么知道老病死亡最苦呢？"

佛陀这么一问，众外道都没有话回答。

佛陀再继续说道："你们没有老病死亡，也知道老病死亡之苦，我见十方诸佛涅槃之乐，所以知道涅槃之乐。这不是一样的道理吗？"

今日之人，无论什么总要经历过了以后才肯相信，自己短见，对不见不闻的就要设法加以否定，说来真是糊涂啊！

图书在版编目（CIP）数据

佛教故事大全．弟子·警语篇 / 慈庄法师 等编著．—北京：东方出版社，2014.4
ISBN 978-7-5060-7401-8

Ⅰ.①佛… Ⅱ.①慈… Ⅲ.①佛教—通俗读物 Ⅳ.①B94-49

中国版本图书馆 CIP 数据核字（2014）第 066823 号

佛教故事大全：弟子·警语篇
(FOJIAO GUSHI DAQUAN：DIZI·JINGYUPIAN)

作　　者： 慈庄法师 等
责任编辑： 贺　方　王　萌
出　　版： 东方出版社
发　　行： 人民东方出版传媒有限公司
地　　址： 北京市西城区北三环中路 6 号
邮　　编 100120
印　　刷： 北京文昌阁彩色印刷有限责任公司
版　　次： 2014 年 8 月第 1 版
印　　次： 2021 年 6 月第 3 次印刷
开　　本： 880 毫米×1230 毫米　1/32
印　　张： 7.75
字　　数： 150 千字
书　　号： ISBN 978-7-5060-7401-8
定　　价： 38.00 元
发行电话：（010）85924663　85924644　85924641